晨讀10分鐘

[中學生]

論情説理 説明文選

柯華葳 主編

晨讀10分鐘

論情說理 說明文選

晨讀10分鐘

論情說理 說明文選

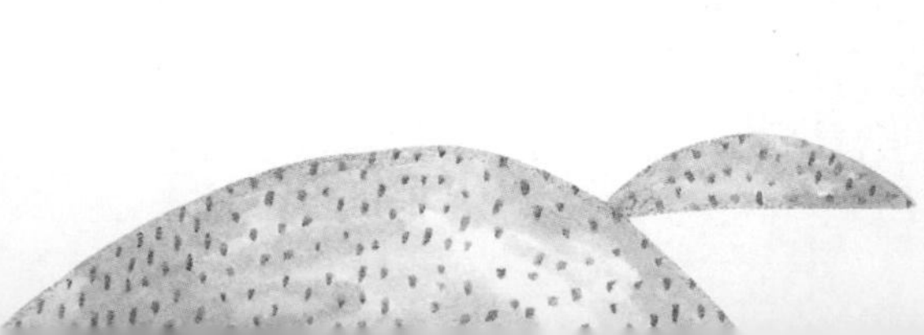

STORY

三回合讀法，破解說明文的閱讀密碼

國立中央大學學習與教學研究所教授　柯華葳

這一本書主要介紹廣義說明文，以及如何閱讀說明文的方法。說明文是生活中最常遇到的文類，說明文通常也是我們知識的主要來源，我們讀的教科書基本上正是一種說明文。因此學習如何閱讀，進而有效率的閱讀說明文，是很重要的閱讀能力之一。

學者依文章的不同表述方式，整理出文類和文體，我稱之為文章的長相。閱讀時若能掌握文體，有利於理解。有的文體如詩歌、小說、戲劇有其特殊長相，容易辨認。有的文體，如敘述、描寫、抒情、說明、議論，則不那麼容易辨別。因此以文體分別文章長相，對一般讀者來說，並不容易。

以說明文和議論文為例。說明文，就其名稱看來，旨在解釋或說明事物、事理，目的在讓讀者了解作者所知道的事實。議論文亦如其名，主要是表達作者對人、事、物的見解。議論文有時注重是非辨明，有時重解釋、釐清某些觀點。簡單的說，作者以議論，主觀的表達自己，或是批評他人的論點，目的在使讀者接受他所說的道理（劉玉琛，1996）。但是純粹說明的說明文或純粹議論的議論文，並不常見。通常是說明中有議論，議論中有說明。因此產生將說明文和議論文合併使用的論說文（林政華，1991; 陳肇宜，2006）。

基於文體不易分辨，本書將不強調文體，而採廣義的說明文範疇，包括議論或是論說以及程序性文章和文件。舉凡訊息性書籍（如科普）、教科書、新聞、百科全書詞條、書籍評論、歷史文獻、論說文（不論是分析性、政治、社會、歷史、科學、自然歷史）、研究報告、給編輯的信、社論、立場申明（如議論性文宣、競選文宣、廣告宣傳）、合約、地圖、說明書、統計圖表等都算說明文。而一般說明文明顯的特色是有圖有表、標題、小標題、工具列、圖片、插圖、圖例和圖片說明等。

說明文有時不容易閱讀，或是與內容有關係，或是與文章觀點有關。通常作者主旨鮮明，提出說法及支持其想法的證據，有時作者提出的是對立觀點、爭論點或是論點關聯性等等，各有不同組織思維的方式和表述方式，讀者需要運用不同的讀法來理解。有學者認為說明文因其表述方式可分為描述、順序（如計數、年表）、因果、問題解決和比較。本書企圖指出每一篇文章的表述方式，幫助讀者掌握作者的寫作目的。

本書選介二十篇文章，內容含跨文學、科普、史地、時事報導等，文章都各有其關懷主旨，可增廣視野，但主要還是希望讀者能多讀不同表達形式的說明文。我們以理解為出發點，介紹的方法都回應文章表述與組織方式。目前採用的方法有：

以相關語詞閱讀文本、找出代表重要性的詞彙、找出文中特別標示的詞彙或是反覆出現的句型、分辨意見與事實、讀出類比、因果推論、推測作者寫作方式、推測作者用意、畫摘要表、六何摘要、閱讀年代和統計圖表。

這裡所介紹的是建議讀法，希望讀者體會閱讀方法是活的，可以隨著文章形式，找最合適的方法。

每一篇文章都設計閱讀目標、方法和讀後回應。閱讀目標幫助讀者確認一篇文章使用的方法和主要內容。而讀後回應，一方面回應所採用的方法，一方面回應所讀的內容。至於整體的閱讀方法，我提出以「三回合閱讀法」來讀一篇文章。說明如下：

拿到文章或是書本，不要一下就埋頭苦讀。先看看封面、題目、目錄等。第一回合瀏覽，找出文章主要表述方式（長相），決定怎麼閱讀。第二回合，以找出的方法進一步閱讀。第三回合，檢視自己是否理解所讀。

第一回合閱讀之重點：找出閱讀目標和閱讀方法

1. 覽讀，找出文章主要的長相，標題和圖表。
2. 拿一隻筆，邊讀邊畫線或打勾，寫下當下的想法或是問題。
3. 瀏覽完，想一下，這篇文章大體在說什麼？有什麼組織方式？
4. 你有興趣繼續讀嗎？沒有興趣就打住。

第二回合閱讀之重點：你對此文已有一些概念，應用所找出的方法閱讀

1. 拿一隻筆，邊讀邊找關鍵詞、作者主要想法。
2. 有沒有難懂的詞？如果有就圈起來。
3. 讀完，告訴自己，作者主要在說什麼？他的觀點是什麼？
4. 覽讀時的想法和問題有沒有在文章中找到回應？
5. 覽讀時想的組織方式是否成立？對你尋找主要想法有幫助嗎？

第三回合閱讀之重點：自問自答、讀後回應

1. 為什麼作者要寫這一篇文章？
2. 作者如何寫這一篇文章？
3. 作者的立場是什麼？作者有沒有隱藏的意圖？
4. 有沒有其他立場要被顧及？

現在，就請大家翻開書，開始來試試第一篇吧！

參考書目

林政華，1991，《文章寫作與教學》，富春出版社。
陳肇宜，2006，《華麗的寫作鋼管秀》上冊，小兵出版社。
劉玉琛，1996，《作文的方法》，國語日報。

定義式說明文

書人和觀書者—圖書館員　王岫

作者介紹

本名王錫璋，國立臺灣師範大學社會教育系圖書館學組畢業，曾任職於臺中圖書館、師範大學圖書館、中央圖書館，以及國家圖書館編審。經常發表有關圖書館、閱讀及圖書出版等專業文章，著有專論《書海探索》及散文《鐘聲》、《天少老爸俏女兒》、《愛上圖書館》等書。

書人和觀書者—圖書館員

文・王岫

每有人問我：「當了近三十年的圖書館員，你一定看了不少書，不知有什麼心得？」我聽了總是汗顏又赧然，不知從何言起。這是大多數人對圖書館員的誤解。

若不論閱讀的深度，圖書館員的確是「看過很多書」的人，但所有的圖書館員都感嘆：經眼的書或許很多，但大都是過眼雲煙，只看書封而已，這也是圖書館員甚少出過什麼大學問家的原因。

在國外編纂的一本《圖書館員手冊》中，列舉擔任過圖書館員的中國名士，赫然竟是毛澤東，說他一九一八年曾在北大圖書館擔任過期刊出納的工作，待遇如同當時的苦力。當今名人中，宋楚瑜先生倒是曾在美國取得圖書館學碩士，他在民國六十六年還寫過一本《學術論文規範》的書哩！

本來圖書館員和教授、學者、研究者相同，是以書為生活和工作重心的「書人」（Book

People），這有別於藏書家、搜書家之「書癡」（Book Lover）。但若以近幾年國內圖書館學系為了增加號召力，紛紛改名為「圖書資訊學系」，開設課程少了人文學科、增加更多電腦資訊課程的趨勢而言，未來的圖書館員，或許連「書人」這個名稱也漸漸不甚符合了。我想了半天，也許我們都是「觀書者」罷了！

不過，不管是「書人」或「觀書者」，圖書館員買書、看書、處理書的目的，和學者、教授或書癡都不同。圖書館員是為人作嫁，為他人服務而為的。他們買來的書是要給民眾看的，看書是為了大略知道書中內容，好將圖書分類組織得更妥當，方便讀者找書。因此，書籍或資料對圖書館員而言，常常就像工廠中處置的物品一樣，從手中檢視過去而已，很少有時間去細細品讀或鑽研。

圖書館員雖然無法成就自己，畢竟對讀者或是典籍文獻的維護有許多貢獻。首先，圖書館員是書的維護者。三十年前我在臺中圖書館的書庫服務，工作之一就是將破損的書補補修修，以延長圖書的使用壽命。後來到國家圖書館，更有一位專門修補線裝古書的呂先生，他的技術更是一門大學問，善本古書的修補也算是維護中華文化傳承的一環呢！而像國家圖書館依據圖書館法的規定，要求國內出版社送繳一本書典藏，事實上也是在保存、維護這一代的出版品。館員辛勤將書編目，印製《中華民國出版圖書目錄》，也無非是像各朝史書一樣，要留有一份翔實的經籍志或藝文誌。

至於買書，館員其實各有維護圖書的方法。二十多年前，我在中央圖書館擔任採購外文書的工作。時值戒嚴時期，如果委託國內代理商進口百科全書等工具書，書內有關「中國」或「毛澤東」之類的條目，通常都會被用墨筆塗黑或割掉。為了維護百科全書的完整，我通常直接向國外書商訂購，並且請他們以小郵包分批寄來，這樣就可以免去因大宗、大件圖書而在郵局海關遭警總檢查的困擾。這也是小小圖書館員期望圖書不致因政治因素而有所缺損的愛書心吧！

說到圖書館員只讀書的內容大概，以便分類、編目，使書在架上井然有序，筆者保證，在圖書館找書，一定比在書店找書方便，因為圖書館內有嚴謹的分類系統，而書店的分類則較散漫。這大概要感謝那位一百多年前創立圖書分類法的圖書館員杜威（Melvil Dewey）先生吧！

圖書館有一種名為「參考諮詢服務」的館員，的確需要遍覽群書，尤其是參考工具書。好在這些工具書只需知其大要和檢索方法即可，毋須像王雲五一樣把大英百科全書讀完才是好館員。所以如果你問參考館員：「卻寄雙愁眼，相思淚點懸」這句詩出自何處？或文天祥〈正氣歌〉的英譯本哪裡有？參考館員會努力以赴地幫你找到，這並非因為他們是遍讀詩詞的大學問家，而只不過他們熟知館藏的工具書而已。參考館員是圖書館很重要的一環，可惜許多館長並不很重視，未規劃足夠的人力，讓他們全力專心多看書、多提升自己的能力，使自己像導盲犬一樣，引導對圖書館資源不熟悉的「資料盲人」。

圖書館員只是「書人」或「觀書者」，他們與書為伍，只不過是在維護、組織、傳播資料，默默奉獻，造福他人而已。筆者最近讀完厚達四五〇頁的《走進美國大報》一書，印象最深刻的是，書中提到《紐約時報》和《洛杉磯時報》都有一個很大的圖書資料中心，也都聘有三、四十位圖書館員，他們的工作就是向編輯部提供有用的資料；他們也要搜集範圍廣大的新聞、圖書、圖片等，還要從事研究將新聞轉換成可供其他媒體採用的形式等。報社記者或編輯們或許靠著圖書館員提供資料，衝鋒陷陣得了普立茲獎，光榮是屬於記者或編輯的，沒有人會提到資料中心或圖書館員。這也是許多社會、學校裡普遍存在情況：圖書館員就是一些默默「看」很多書，卻未必有時間「讀」很多書的人。

——摘錄自《愛上圖書館》二〇〇六年一月九歌出版

偵探一進案發現場，會先看看四周的蛛絲馬跡。閱讀可以像偵探般，還沒進入文本前，先找一些線索。一般説明文的題目會透露有關內文的線索。而文中最常出現（出現次數最多）的詞彙，通常表示是重要的概念。與其相關的語詞也需要特別注意一下。

閱讀目標

① 以相關語詞閱讀文本。
② 認識本文重點：圖書館員的工作。

方法

① 先看看本文題目是否洩露天機（文章內容）？
② 題目有「書人和觀書人」，這兩個角色的用意是什麼？
③ 先瀏覽一下，將文中有「圖書館員」這幾個字的上下文，用筆畫出來。

例如：

1. 每有人問我：「當了近三十年的圖書館員，你一定看了不少書，不知有什麼心得？」我聽了總是汗顏又赧然，不知從何言起。這是大多數人對圖書館員的誤解。

2. 若不論閱讀的深度，圖書館員的確是「看過很多書」的人，但所有的圖書館員都感嘆：經眼的書或許很多，但大都是過眼雲煙，只看書封而已，這也是圖書館員甚少出過什麼大學問家的原因。

④以上圈出的每一句都描述與「圖書館員」有關的事情。讀過這些句子，你是否說得出圖書館員的工作？

⑤圈過句子後，你是否讀到一些與「書和人」有關的詞，如：

1. 書人　2. 觀書者　3. 書癡　4. 藏書家　5. 書的維護者　6. 資料盲人

作者提出這些與「書和人」有關的詞彙，目的是什麼？和圖書館員有什麼關係？根據作者的意見，哪一些詞比較適合拿來形容圖書館員？

⑥找出「圖書館員」相關的工作，以及作者對他們的評價後，你對這一篇文章的主旨應該已經了然於心，但作為一個偵探，沒有十拿十穩，決不輕易發表言論。所以請你再仔細讀一次全文。看看這篇文章的內容是否與你所想的接近？相似度有多少？若你想的和所讀到的只有50%近似，那麼請再讀一次全文。

讀後回應

1. 請依照作者說法，列出圖書館員的工作。如買書、分類、編目、參考諮詢服務等。
2. 根據作者說法，圖書館員是書人還是觀書人？為什麼？

定義式說明文

娓娓與喋喋　余光中

作者介紹

從事詩、散文、評論、翻譯等寫作，對現代文學影響深遠，是兩岸三地華人世界最重要的作家之一。在臺、港各大學擔任外文系或中文系教授暨文學院院長，現為國立中山大學榮休教授。著有詩集《白玉苦瓜》等；散文《逍遙遊》、《聽聽那冷雨》等。另有翻譯、評論等著作，合計七十種以上。

娓娓與喋喋

文．余光中

不知道我們這一生究竟要講多少句話？如果有一種電腦可以統計，像日行萬步的人所帶的計步器那樣，我相信其結果必定是天文數字，其長，可以繞地球幾周，其密，可以下大雨幾場。情形當然因人而異。有人說話如參禪，能少說就少說，最好是不說，盡在不言之中。有人說話如嘶蟬，並不一定要說什麼，只是無意識的口腔運動而已。說話，有時只是掀脣搖舌，有時是為了表情達意，有時，卻也是一種藝術。許多人說話只是避免冷場，並不要表達什麼思想，因為他們的思想本就不多。至於說話而成藝術，一語而妙天下，那是可遇不可求：要記入《世說新語》或《約翰生傳》才行。哲人桑塔耶納就說：「雄辯滔滔是民主的藝術；清談娓娓的藝術卻屬於貴族。」他所指的貴族不是階級，而是趣味。

最常見的該是兩個人的對話。其間的差別當然是大極了。對象若是法官、醫師、警察、主考之類，對話不但緊張，有時恐怕還頗危險，樂趣當然是談不上的。朋友之間無所用心的閒談，如果兩人的識見相當，而又彼此欣賞，那是最快意的事了。如果雙方的識見懸殊，那就好像下棋讓子，玩得總是不暢。要緊的是雙方的境界能夠交接，倒不一定兩人都有口才，因為口才宜於應敵，卻不宜用來待友。甚至也不必都能健談：往往一個健談，一個善聽，反而是最理想的配合。可貴的在於共鳴，不，在於默契。真正的知己，就算是脈脈相對，無聲也勝似有聲：這情景當然也可以包括夫妻和情人。

這世界如果盡是健談的人，就太可怕了。每一個健談的人都需要一個善聽的朋友，沒有靈耳，巧舌拿來做什麼呢？英國散文家海斯立德說：「交談之道不但在會說，也在會聽。」在公平的原則下，一個人要說得盡興，必須有另一個人聽得入神。如果說話是權利，聽話就是義務，而義務應該輪流負擔。同時，仔細聽人說話，輪到自己說時，才能充分切題。我有一些朋友，迄未養成善聽人言的美德，所以跟人交談，往往像在自言自語。凡是音樂家，一定先能聽音辨聲，先能收，才能發。仔細聽人說話，是表示尊敬與關心。善言，能贏得聽眾。善聽，才贏得朋友。

如果是幾個人聚談，又不同了。有時座中一人侃侃健談，眾人睽睽恭聽，那人不是上司、前輩，便是德高望重，自然擁有發言權，甚至插口之權，其他的人就只有斟酒點煙、隨聲附和的分了。有時見解出眾、口舌辯給的人，也能獨攬話題，語驚四座。有時座上有二人焉，往往是主人與主客，一來一往，你問我答，你攻我守，左右了全席談話的大勢，也能引人入勝。

最自然也是最有趣的情況，乃是滾雪球式。談話的主題隨緣而轉，愈滾愈大，眾人興之所至，七嘴八舌，或輪流坐莊，或旁白助陣，或爭先發言，或反覆辯難，或怪問乍起而舉座愕然，或妙答迅接而哄堂大笑，一切都是天機巧合，甚至重加排練也不能再現原來的生趣。這種滾雪球式，人人都說得盡興，也都聽得入神，沒有冷場，也沒有冷落了誰，卻有一個條件，就是座上盡是老友，也有一個缺點，就是良宵苦短，壁鐘無情，談興正濃而星斗已稀。日後我們懷念故人，那一景正是最難忘的高潮。

眾客之間若是不頂熟稔，雪球就滾不起來。缺乏重心的場面，大家只好就地取材，與鄰座不鹹不淡地攀談起來，有時興起，也會像舊小說那樣「捉對兒廝殺」。這時，得憑你的運氣了。萬一你遇人不淑，鄰座遠交不便，近攻得手，就守住你一個人懇談、密談。更有趣的話題，更壯闊的議論，正在三尺外熱烈展開，也許就是今晚最生動的一刻：明知你真是寃枉，錯過了許多賞心樂事。卻不能不收回耳朵，面對你的不芳之鄰，在表情上維持起碼的禮貌。其實呢，你恨不得他忽然被魚刺鯁住。這種性好密談的客人，往往還有一種惡習，就是名副其實地交頭接耳，似乎他要鄭重交代的，句句都是肺腑之言，恨不得迴其天鵝之頸，伸其長蛇之舌，來舔你的鼻子，哎呀，真的是 tête-á-tête 還不夠，必得 nose-to-nose 才滿足。

你嚇得閉氣都來不及了，哪裡還聽得進什麼肺腑之言？此人的肺腑深深深幾許，尚不得而知，他的口腔是怎麼一回事，早已有各種菜味，酸甜苦辣地向你來告密了。至於口水，更是不問可知，早已澤被四方矣，誰教你進入它的射程呢？

聚談雜議，幸好不是每次都這麼危險。可是現代人的生活節奏畢竟愈來愈快，無所為的閒談、雅談、清談、忘機之談幾乎是不可能了。「偶然值林叟，談笑無還期。」在一切講究效率的工業社會，這種閒逸之情簡直是一大浪費。劉禹錫但求無絲竹之擾耳，其實絲竹比起現代的流行音樂來，總要清雅得多。現代人坐上計程車、火車、長途汽車，都難逃噪音之害，到朋友家去談天吧，往往又有孩子在看電視。飯店和咖啡館而能免於音樂的，也很少見了。現代生活的一大可惱，便是經常橫被打斷，要跟二三知己促膝暢談，實在太難。

剩下一種談話，便是跟自己了。我不是指出聲的自言自語，而是指自我的沉思默想。發現自己內心的真相，需要性格的力量。唯勇者始敢單獨面對自己；唯智者才能與自己為伴。一般人的心靈承受不了多少靜默，總需要有一點聲音來解救。所以卡萊爾說：「語言屬於時間，靜默屬於永恆。」可惜這妙念也要言詮。

——摘錄自《余光中跨世紀散文》二〇〇八年十月九歌出版

柯老師的私房閱讀祕笈

由標題就可以猜測到本文和說話有關。文章第一句話即說出本文重點：「不知道我們這一生究竟要講多少句話？」基於全文旨在說明「說話的狀況與分類」，我將這篇文章的用意歸為「定義」。

閱讀目標

①找出與題目相關的語詞。

②認識作者所提出的不同對話的狀況。

方法

①請先讀每一段的第一句。例如：

1. 不知道我們這一生究竟要講多少句話
2. 最常見的該是兩個人的對話
3. 這世界如果盡是健談的人，就太可怕了
4. 如果是幾個人聚談，又不同了
5. ……

②由每一段的第一句，你是否看到作者有意區分三種說話的情況：兩人、幾個人以及跟自己對話。

建議閱讀時找出：

1. 各種說話狀況的特色。

2. 各種狀況下的差別，例如兩人對話會因對象不同，而有不同。

讀後回應

1. 本文定義「說話」，文中有許多和說話有關的語詞。請圈出這一些語詞，並依本文題目娓娓（道來）與喋喋（不休）歸類。例如：說話如參禪，說話如嘶蟬。掀唇搖舌、口腔運動。雄辯滔滔、清談娓娓。

娓娓	喋喋
說話如參禪	說話如嘶蟬
請繼續填寫	

2. 試試以表（如左表）比較三種說話狀況的特色。

兩人	幾個人	與自己對話

定義式說明文

美是心靈的覺醒（上） 蔣勳

作者介紹

一九四七年生於西安，成長於臺灣。中國文化大學史學系、藝術研究所，法國巴黎大學藝術研究所畢業。曾任《雄獅美術》月刊主編，任教於文化大學、輔仁大學、臺灣大學、淡江大學，任東海大學美術系系主任。現任《聯合文學》社長。著有詩作、小說、散文、藝術論評等數十種，作品有《孤獨六講》、《生活十講》、《天地有大美》、《新編美的曙光》等書。

美是心靈的覺醒（上）

文・蔣勳

美，是心靈的愉悅

人類五種感官的活動，構成了「美學」。

「美學」在人類所有文明中，是年輕的一門學科，大概在十六世紀才開始興起。十八世紀時，德國的柏嘉頓（Alexander Gottlieb Baumgarten,1714-1762）提出了「aesthetics」這個字，我們把它翻譯成「感覺學」。

「感覺學」就是探討感覺的學問。

我們身體有很多感官，可以看見事物、聽到聲音、聞到氣味、摸觸到不同物質。

為什麼要探討感覺？最主要是因為，在我們感覺的世界裡，存在著喜歡和不喜歡的問題。

例如我們聞到花香的時候，你會忍不住一直想聞。因此有了許多「感覺」，人都非常渴望可以聞到舒服的味道，那是一種嗅覺上的快樂。可是有一些氣味，會讓人覺得很不舒服，像嘔吐物的味道，會讓你掩蓋著鼻子匆匆走過。感覺學就是要探討為什麼有些氣味會令人喜歡，有些氣味卻令人厭惡。

照理說，感覺是中性的，應該沒有所謂好或不好，或者美或不美的問題，可是我們卻會特別喜歡某些東西，這就與我們的心靈活動有關。

舉個簡單的例子，大自然有黎明、有黃昏，很多人會特地在某一個季節到高山上，找個視野最好的地方等待日出。即使天氣冷得不得了，必須包著棉被、穿著厚厚的衣服，但我們卻寧願半夜不睡覺，只為了等待黎明瞬間。

因為當黎明的曙光從山上躍出，那種朝氣蓬勃的日出之美，讓我們感覺非常興奮，那種心靈的愉悅，很難用筆墨形容。

日出是美。另外，我想大家也有一個記憶，夏天的傍晚，我們會到碼頭看落日。我們看到夕陽剎那之間的變化燦爛到了極點，給了我們很大很大的震撼，所以我們說夕陽很美。

德國美學家黑格爾（Georg Wilhelm Friedrich Hegel,1770-1831）在《美學》這本書裡提到：大自然本身，包括黎明、黃昏，其實並沒有美醜的問題。

他提出這個論點，警醒了我們，為什麼我們會覺得黎明很美、黃昏很美？

黑格爾用客觀的角度去探討美的根源。他認為日出、日落只是自然現象，本身並沒有美醜。日出、日落之所以美，是我們看黎明與黃昏的時候，喚起了生命裡的某種感歎：從看日出的過程裡，我們感覺到蒸蒸日上的朝氣，感覺到生命的活潑，感覺到從絕望黑夜進入到希望黎明的柳暗花明。

我們看到的是自己的生命，不只是黎明。我們把自己期待生命美好的渴望，投射在黎明上。

夕陽——綻放生命中最燦美的笑容

一對戀愛中的男女去看夕陽，女孩子看到黃昏覺得好美，陶醉在夕陽無限好的情境之中。但是如果這個男生剛好是學理工的，可能會煞風景地說，美到底在哪裡？你告訴我，美在哪裡？

如果你是這個女孩，你一方面不想回答這個問題，另一方面也覺得所有美的感受被潑了一盆冷水。

美景當前，我們陶醉其中，可是這個時候我們不擅於用理智去分析。所以用理智研究美學，其實是一種潑冷水的過程。有時候我不忍心跟年輕人談美學，因為美學其實是一種殘酷的分析。

我在大學裡講黑格爾、康德對美學的分析的時候，學生卻不斷注意到春天來臨，教室外一片燦爛的花海，他陶醉在窗外的一片美景之中。這個時候我很矛盾，因為我不知道要不要警醒他，告訴他說：「你在上美學課，你應該注意黑格爾對美的分析。」

還是應該鼓勵他繼續陶醉在豐沛的美感裡？

美跟美學並不一樣。如果美是一個美麗的女子的身體，美學就是一把殘酷的解剖刀。美學會把這個美麗的、令人陶醉的胴體，解剖得血淋淋。經過一番透視解剖，最後你覺得美的東西，可能就變得不美了。

美學存在的意義在於經由分析，能對自己的感官有更深一層的了解。它幫助我們用分析的方法，重新理解人與美的關係。因為我們一旦陶醉其中，就沒有能力去分析了。

黃昏時刻，我們面對夕陽，看到每分每秒燦爛的變化。在這個燦爛的夏季，白天陽光豔麗，但是它不甘心白日將盡，他要把生命裡面最燦美的部分，在入夜之前，作最美的一次綻放。所以我們看夕陽，其實也在看自己的生命。

我們知道生命短暫，在生命之前有死亡等待著我們。可是我們渴望在結束之前，能夠讓自己的生命像夕陽一樣，華美地綻放一次。所以這個時候我們看到夕陽，同時也是看見自己潛意識裡，希望能綻放燦爛的渴求。

喜怒不形於色的東方哲學

「美」非常奇怪，它經由感官，可是它不鼓勵你停留在感官。

我們剛才提到黎明，提到黃昏，我們經由眼睛看到了黎明的光芒，經由視覺感受到了夕陽的燦美。

可是在美學的探討中，我們認為這種快樂不只是視覺上的快感。相反的，黎明的曙光、夕陽的燦爛，回應了我們性靈的狀態。它撞擊了我們的心靈，讓我們的心靈感受到前所未有的震撼，我們的性靈因此有了更高的提昇，化為永恆的美。

很多人在燦爛的夕陽前熱淚盈眶，但我們為什麼會為了夕陽而哭？

我們熱眼盈眶，因為事物觸碰了心中最深的某一種感受。我們對生命的期待、渴望，在這個時候都發生了。

所以「美」是個難以形容的字。我們不知道為什麼美會讓人感到震撼，為什麼整個心靈被充滿。

我看過好多朋友偶然離開了城市、離開了光害，到了郊外高山上，看到滿天的繁星，在驚呼之後淚如雨下。他也不知道為什麼當他看到滿天的繁星會哭起來。大自然的某些景象往往讓你覺得，自己生命裡面有某種東西在跟宇宙對話，好像自己從來沒有過的，被「充滿」

的感覺。

我用「充滿」這個詞是說，其實我們的感官好像一種容器，當它空的時候是非常寂寞跟孤獨的狀態。可是如果它被充滿的時候，卻有一種飽滿的、滿溢的快樂。

熱淚盈眶其實就是「心靈滿溢」的狀態。但我們很難去分析它，因為我們不習慣這種處境。長期以來，因為害羞的關係，我們會覺得「熱淚盈眶」是青少年時期才有的輕狂浪漫。

青少年的時期我們很容易動情，可是到長大以後，我們常常告訴自己：我們是理智的，我們不應該讓自己的情感隨便流露。

譬如《中庸》說：「喜怒哀樂之未發謂之中。」意思是指你的喜悅、憤怒、憂傷、快樂，都不要表露出來，這就是中庸之道。

這是一門偉大的哲學。可是有時候我會反問自己，如果一個人的生命，他所有的喜怒哀樂，從來都不能流露，這個生命會變成怎麼樣的狀態？如果一個人總是讓人不知道他究竟是快樂還是不快樂，當他看到一片盛開花海、滿天繁星，也許激動，可是卻壓抑住他的情感，這會是怎樣的生命情境？

儒家重視人類的情緒，希望不要太過氾濫，所以主張節制。可是我擔心，在這樣的文化裡，一個人的感情長期被壓抑，到最後變成不習慣表現。那麼最後他的快樂不能跟別人分享，他的憂傷也不能跟別人一起分擔。

我有個講話很直的西方朋友曾對我說：「每次看你們東方人的臉，總覺得你們好像面無表情。」

我覺得這有點侮辱東方人。於是我問他：「你是什麼意思？我們當然也有喜、怒、哀、樂啊！」

他說：「我不是這個意思，我的意思是說，西方人對情感的表達比較直接。我們快樂、憂傷比較形於色，總是會直接表現出來。」

在東方，我們傳統上往往認為「含蓄」、「內斂」才是好的。於是我們節制感情、收斂感情。可是我擔心的是，社會的禮教，是否在不知不覺中，把我們所有的情緒都壓抑了？

輕狂少年，冷漠長大

成人的世界裡，有一種恐怖。那個恐怖是：你感覺不到情緒。

我很希望在大人的世界裡面聽到「唉呀！那個夕陽好美！」或者是「啊！我看到海了！」有時候我們旅行坐遊覽車，當車子轉個彎，大片的藍色的海洋跳到你眼前，你會忍不住驚呼出來。可是當我們擁有社會某個階層，某個身分時，我們卻不敢表現。這種「不敢表現」的文化長期累積了以後，就變成一種生命的遺憾。

那種「遺憾」是我特別想要說明的。因為美是一種分享，美是世界上最奇特的一種財富，越被分享就擁有越多。

在一個能分享美的氛圍裡，你會感覺到一種很滿足的快樂。因為經由別人的驚呼，你看到了滿天繁星；經由別人陶醉的呢喃，你看到了夕陽；經由別人的歡唱，你看到了花的開放——美是可以被感染的。

也許在現實生活裡，我們有時候忽略了美在教育上的重要性。然後慢慢地大家越來越不覺得，美感的培養是這麼重要的一件事，所以人變得害羞。我說「害羞」的意思，表示我相信美的種子還在人的心裡面，只是被社會現實掩蓋了。

有一次我跟一些四、五十歲的老師、校長們談美。我問他們：「你們這一生當中，寫過詩給別人，或曾在日記裡面偷偷寫過詩的朋友舉手。」

我發現每個人都舉手了。然後我問：「你們是什麼時候寫詩的？」他們就笑起來了說：「大概是在十五、六歲吧，第一次談戀愛，愛上一個人，可能寫在日記裡，而那首詩也從來沒有寄出去過。」二十幾歲之後，他們再也不敢去碰詩了。因為詩跟成人的世界，好像是無關的。

——摘錄自《新編美的曙光》二〇二二年六月有鹿文化出版

定義式說明文

美是心靈的覺醒（下） 蔣勳

作者介紹

一九四七年生於西安，成長於臺灣。中國文化大學史學系、藝術研究所，法國巴黎大學藝術研究所畢業。曾任《雄獅美術》月刊主編，任教於文化大學、輔仁大學、臺灣大學、淡江大學，任東海大學美術系系主任。現任《聯合文學》社長。著有詩作、小說、散文、藝術論評等數十種，作品有《孤獨六講》、《生活十講》、《天地有大美》、《新編美的曙光》等書。

美是心靈的覺醒（下）

文・蔣勳

美轉圜了人間紛擾

但是中國有一個朝代，大家都在寫詩，大家都用詩表現自己對生命的熱情，那就是唐朝。我們很難想像一個時代，所有的語言、文字都變成了詩。考試也考詩，在官場上也都用詩對話。

唐代有個故事是這樣的：

一個大官的轎子，跟一個騎馬的人撞在一起。這個大官非常生氣，覺得這個人怎麼搞的，不守交通規則，撞到我的轎子。

這個人就說：「對不起，對不起，因為我在想一首詩。想著想著，就有點迷糊了，撞到了你的轎子。」

大官就很興奮地說：「你在作什麼詩啊？」

這個人就說：「有一個句子我一直不能決定，應該要用『僧推月下門』還是『僧敲月下門』？安靜的月夜，和尚要推開廟宇的門，照理講和尚回到自己的廟裡，因為沒有人替他開門，所以不應該敲門。而門有重量，所以要用推比較合適。可是我又覺得敲這個字在聲音上比較輕巧，因此用敲字的話，在畫面上顯得四周聲音更寧靜。所以我就不能決定到底用推還是敲。」

這個故事就是「推敲」的來源。而故事中的人物，大官就是當時的大詩人韓愈，騎馬的人就是年輕詩人賈島。

每次我讀到這個故事都很有感觸。我們居住的城市常常有車禍，但我們很難想像，車禍發生以後兩個人要下來解決問題，竟然談起詩來了。

韓愈跟賈島之間的對話，讓我們感覺到，生活裡如果多了「詩」這個東西，能把很多的爭吵、對立、衝突，變成美好的轉圜過程。打開收音機，打開電視，或者拿起電話，你會聽到聲音，你會聽到語言，然後你會想：語言跟詩的差別到底是什麼？

如何在現實生活中，還有聽見美好聲音的可能？「僧推月下門」或者「僧敲月下門」，讓我們腦中浮現了一個畫面，如果能常常思考這樣的畫面，我們不會急躁，不會慌張，不會焦慮，反而多了從容自在。

沒有目的的快樂

美，關心的是心靈的問題，而不是感官的問題。真正的美，並不在感官本身。

德國美學家康德（Immanuel Kant, 1724-1804）有一句對美的定義非常重要的話：「美是一種無目的的快樂。」他的意思是說，美具有一種快樂，可是它不是功能性的，也不是功利性的。

舉例來說，如果我們很餓的時候，為了要吃飽而吃東西，那這時候的味覺不會是美的味覺。可是如果我們並不是處在飢餓的狀態，那我們就能去「品嘗」美味的料理。「品」這個字雖然是指味覺，可是卻是高一點的味覺層次。品的意思不是以吃飽為目的，而是去「感覺」味覺的美好。他認為所有「有目的性」的事情，都很難有美。

人與人的相處也是如此。當你面對一個人，如果那個人你只把他當成利用的工具，例如售票員、服務生、醫生，那你很少會發現他的美。可是如果你覺得對方是一個獨立存在的生命，你便有了一種欣賞的情調，他就有了美的可能。

因此康德提醒我們，活在現實生活中，若我們的所作所為都考量到「目的」的時候，我們就喪失了美的可能性。例如有人邀你去看夕陽，你說看夕陽對我的現實生活有什麼幫助？我可以吃飽嗎？我可以賺到錢嗎？如果你總是這樣斤斤計較，夕陽的美一定不存在。

康德對近代美學的影響之大，是因為他很清楚地在已知的美學上，把「快感」跟「美感」分開。他還告訴我們，所有的快感，只能刺激你的官能，這叫做過癮。快感並不等於美感，因為美感不只停留在器官本身的刺激，而是提升到心靈的狀態。

吃麻辣火鍋的時候，我們有「麻」的刺激、有「辣」的刺激，這種感官的刺激很強烈。以康德的說法來分類，這是一種快感。可是如果我們聽巴哈的「無伴奏大提琴」，我們在音樂上得到了心靈的滿足，它沒有任何器官上的強烈刺激。音樂通過我們的聽覺，雖然也是一種感官，可是最後我們被充滿的不是器官，而是心靈。這就是美感。

在音樂會或者舞蹈表演裡感到的美好，會讓你覺得心靈被充滿。這個狀態是麻辣火鍋這種次級感官的東西所達不到的。所以，無論我們吃到再好吃的食物，無論我們在感官上怎麼去刺激，你都不太容易有熱淚盈眶的感覺。

熱淚盈眶不一定是哭，可能是一種喜悅滿盈。在人生中，當感受到心情的溫暖、事物的美好時，你會忍不住想要哭，但它跟平常悲哀的哭是不同的。那種滿足的流淚，就是「喜極而泣」。正是讀到一首好詩、聽到一曲好歌，我們的心靈會被充滿，我們會流淚。

研究美學的第一個要件，就是區分「快感」與「美感」的不同。一定要把快感跟美感分別開來，我們才會發現美感是更高的精神層次活動，而快感卻只是停留在身體表面的刺激而已。

我們的視覺，可以藉由很多強烈的東西被刺激，例如色情、暴力電影，可是最後我們並沒有得到心靈的滿足。觸覺更是如此，譬如「性」。性是非常觸覺的經驗，性的感官刺激很強烈，近於一種快感，也近於一種發洩，可是最後並不見得能夠得到心靈的滿足。甚至這種過度的官能刺激，最後反而讓心靈變得非常空虛。

當感官的主人，而不是感官的奴隸

在探討官能之後，收尾的部分希望能夠跟大家一起進入另外一個不同的領域——心靈的領域。

人類器官所發出的快樂，不一定是負面的。因此讓感官被壓抑、受節制，或者忍受很多難熬的戒律，並不是美的正常發展。相反的，我們應該讓孩子從童年到青少年這段最敏感的時期，給予他很多很多身體感官上的引導。

譬如說帶他去爬山，讓他去聽風的聲音、流水的聲音，讓他的聽覺裡面有豐富的記憶。讓他去看黎明、看黃昏，讓他視覺上感覺到色彩上的華麗。他的心靈整個被充滿以後，有一天他不會滿足於官能上低等的滿足。低等並不全然是貶意，而是動物性的官能，基本上都是有目的的性。

我們說「口腹之慾」，就是帶有目的性的。在動物的世界裡面，雌性的動物分泌一些氣味的時候，雄性的動物就會有生殖的慾望，這些慾望都是被官能操控的。因此，如果味覺全部是為了吃飽，觸覺、嗅覺也全是為了性，那就只是低等的滿足。

人類不是這樣。

我們知道人之所以被稱為「靈長類」，是因為靈這個字指的是心靈的狀態。我們知道人被稱為高等動物，表示他雖然還有動物性，可是不只停留在動物階層。所以，如果人只滿足於動物性低等的官能刺激，那麼人類就沒有文明可言，也沒有美可言。

因此，對孩子，尤其是青少年的官能發展，如果不用美去滿足，他的發展就會停留在追求短暫的官能快感上。這種快感通常是性，或者毒品。這種快樂很明顯，因為它很快速。經由毒品，很快讓身體發生複雜的變化，他覺得這個就是快樂。一旦快感變成不斷的、重複的刺激以後，就變成了「癮」。所有的「癮」，都是戒不掉的。它很難提昇成心靈的狀態，因為他的行為已被官能操控。

他不再是器官的主人，而是器官的奴隸。

作為一個老師，如果跟正在發育的學生比較熟的話，就會知道學生在生理上的苦悶。我們應該去了解青少年壓抑不住的痛苦，不只是反對官能上的刺激，而是讓他能夠擴大、提升感官的刺激到精神層次。

我們可以鼓勵青少年創作音樂、繪畫，甚至帶他去爬山，讓他跳舞。讓孩子去跳街舞，他能在街舞裡面得到身體完成高難度動作的成就。或者讓他玩滑板，他可能會在滑板的世界中找到屬於自己挑戰難度的快樂。那麼他在心靈層次所獲得的滿足，是低等的快樂所無法取代的。

如果讓他一再地耽溺在官能上的刺激，到最後這種快樂就會變得「無以自拔」。無以自拔的狀態絕對不是美感。被感官驅使，會變得不快樂。當自己想要拒絕、想要逃避這種循環時，卻已經逃不出來了。

這種狀態其實是生命的困境，也是自古以來，人類的文明試圖想要去解決的。

走在鋼索上的人

我們一再強調，人之所以為人的原因，表示他不應該只停留在低等動物的狀態。

但要拿捏這種狀態非常困難。我們一方面不希望我們的社會太過壓抑、節制感官發展與享受。可是同時我們也希望，我們的年輕人不要只耽溺在感官的刺激裡。因此我們一邊看到了清教徒式的嚴格壓抑，另外一邊又看到感官的氾濫，但這兩種都不是美。

美，究竟是什麼？美有一點像走在鋼索上的人，兩邊都是陷阱，他要保持在鋼索上的平衡。美是平衡，是感性跟理性的平衡，也是快感與美感的平衡。

當你談到心靈，別人覺得就是跟感官對立。剛好相反的，我覺得，美要達到心靈狀態是開始於感官的。如果人沒有看過夕陽、沒有聽過浪濤、沒有觸摸過芳草，或是沒有踩踏過柔軟的海灘，我相信人類不會有心靈上的提昇。因此，感官絕對是重要的開始。

我們應該要從年輕時就開始培養感官豐富的感受。可是最後不要僅止於感官，而是能夠讓自己的生命從感官提昇到更高的心靈狀態。這種狀態是美，也是愛。它可以跟很多很多人分享，而且越分享越多。我常說，快樂的時候要跟別人一起分享，憂傷的時候要跟別人一起分擔。如果把自己的生活封鎖，隱藏自己感官的刺激，那將會是一個非常痛苦的狀態。那樣的寂寞，遲早會讓自己走向絕望之路。

美應該是一種心靈的綻放，應該是可以毫無羞怯的。

把你的笑容、你的淚水與別人一起分享，才是真正的美的意義。

——摘錄自《新編美的曙光》二〇一二年六月有鹿文化出版

柯老師的私房閱讀祕笈

本文題目「美是心靈的覺醒」。文中亦有清楚的小標，幫助理解作者對美的定義。

閱讀目標

① 找出文中反覆出現的句型。

② 理解作者對美的定義。

方法

① 先瀏覽全文。作者一開始就說美「是」……，表示他在定義，而文中也有不少類似的句子。請以各個小標題為段落，圈出每段中有關「美是」……的語句。例如，（1）表第一段，（2）表第二段，以此類推。

1. 美，是心靈的愉悅。

「美學」在人類所有文明中，是年輕的一門學科。

「感覺學」就是探討感覺的學問。

這一段其他句子如，日出是美。

日出日落之所以美，是我們看……，喚起了生命裡的某種感嘆。

2. 夕陽——綻放生命中最燦美的笑容。

美學其實是一種殘酷的分析。

如果美是一個美麗的女子身體，美學就是一把殘酷的解剖刀。

請繼續圈出「美是」的句子

② 讀過文章題目、小標和其中「美是」……的句子後，想像一下，當這些標題及句子串在一起時，作者想傳達的「美」是什麼？

③ 現在重讀一次全文。

讀後回應

1. 作者為什麼稱「美是心靈的覺醒」？請由文中找一句你覺得最合適的句子來說明。

2. 文中除了定義「美」，作者提出許多概念的比較。例如美、美學，美、美感，東方、西方感情表達，大人、少年感情表達，感官的主人、感官的奴隸，快感、美感。請在文中圈出兩兩間（如美、美學）主要差異處。例如：

美、美學	美是一種分享，美學是分析
東方、西方感情表達	東方喜怒哀樂不形於色 西方對情感的表達比較直接
請繼續往下填寫	

主題
論述

他也是一個爸爸　王文華

作者介紹

臺大外文系畢業，史丹佛大學企管碩士。曾任職於 Dun & Bradstreet、迪士尼、MTV 等大公司。2007 年合創「若水」公司。2010 年創辦「夢想學校」。著有：《史丹佛的銀色子彈》、《快樂的 50 種方法》、《Life 2.0：我的樂活人生》、《開除自己的總經理》《蛋白質女孩》、《61╳57》、《蛋白質女孩 2》、《倒數第 2 個女朋友》、《我的心跳，給你一半》等。

他也是一個爸爸

文．王文華

當我不再是青年，我才開始慶祝青年節。當我不再崇拜英雄，我才看到了英雄的人性。

還記得三月二十九日嗎？很多年前，我們叫它「青年節」。今年的青年節默默地過去，沒有人慶祝，甚至沒有人提起。

但我卻舉辦了一個私人的紀念會。在這場一人的紀念會中，我認識了九十九年前那些革命黨人。然後我發現：其實我從來不認識他們。

教條造成反彈

「青年節」、「黃花崗七十二烈士」、「拋頭顱灑熱血」，是四、五年級同學熟悉的辭彙。當時政府和學校為了鞏固愛國教育，強勢推銷青年節和相關節目。每年到了這些日子，學生被逼著排字、做壁報、出席晚會、參加作文比賽。再怎麼愛國的孩子，年復一年參加教條式的活動，久了也產生反彈。

愛國教育除了發生在排字的操場，也發生在準備聯考的課堂。林覺民的〈與妻訣別書〉要熟背，錯一句打一下。「遍地腥羶，滿街狼犬」的「腥羶」是什麼意思？月考時一定會考。沒有人跟我們細說文章背後的故事，老師和學生都只關心聯考時會怎麼考。

於是當聯考結束後，什麼「黃花崗七十二烈士」、〈與妻訣別書〉，都被我們報復性地丟掉了。其他所有死背型的學科，如國文、三民主義、中國文化基本教材，也跟著陪葬。這並不代表我們討厭李白、國父、孔子或林覺民。其實我們從頭到尾根本沒認識過他們。他們是代罪羔羊，我們把他們跟壓抑的政治氣氛和扭曲的聯考制度畫上等號。

不再適用的議題

上了大學，有開明的環境和自主的思考空間，照理說可以重新認識歷史。但我們反彈太強烈，沒時間也沒心情溫故知新。我們忙著玩四年，沒力氣去研究五千年。

而且大環境變了，很多議題就不再適用了。黃花崗烈士、〈與妻訣別書〉，發生在動蕩的大時代，而不是中產階級的小康社會。當我們每天忙著打工、打電動、塞車、跑趴、玩股票、付房貸，回家後只有力氣罵老公死豬，沒有心情說意映卿卿如晤。

稱謂變了是小事，重要的是精神也變了。我們想盡辦法增胖到不必當兵，很少人會為了國家民族而犧牲生命。

他們如此年輕

久而久之，三二九自然被淡忘了。今年我偶然間上網查黃花崗之役，才發現我不是淡忘，而是從來沒有認識過。

我不知道黃花崗之役其實不是發生在國曆三二九，而是一九一一年的農曆三二九（國曆四月二十七日）。我也不知道罹難的其實不止七十二人，而是八十六人。我也不知道其中近三十位是新加坡、馬來西亞華僑。我更不知道他們死時是如此年輕（林覺民二十四歲，方聲洞二十五歲）。

我不知道這些，是因為我把他們一概看為「烈士」，是被政治神化過的聖人。他們在我們心中是象徵，是價值，是雕像，而不是活生生血淋淋的人（雖然他們最後是最血淋淋的一群）。在位者不要我們認為，我們也不會認為，這些年輕人是會跟我們一起唱KTV的朋友，或是擠捷運時站在背後的路人。

然而當我二十五年後重讀〈與妻訣別書〉，我發現林覺民可能就是這樣一個任性的年輕人。

當然，他「吾充吾愛汝之心，助天下人愛其所愛」或「於啼泣之餘，亦以天下人為念，當亦樂犧牲吾身與汝身之福利，為天下人謀永福」的情操，是一般人比不上的。今日的我們不會助天下人愛其所愛，甚至不會祝前情人愛其所愛。我們會詛咒分手的情人去死，希望他下一個情侶不及我們的萬分之一。

兒女私情更動人

但同時林覺民也只是個孩子。十三歲時老爸要他考科舉童子試，他痛恨清廷，不願當官，在考卷上大筆一揮「少年不望萬戶侯」七個大字，交卷走人。

他狗急跳牆時也會扯謊。日本留學到一半，他回國參與黃花崗之役。家人說你怎麼突然跑回來了，他騙說學校放櫻花假，同學們結伴回國旅遊。

他也是酒鬼。他逃家搞革命，回來後老婆斥責他，不是因為他革命，而是因為他沒有帶她一起。黃花崗之役前他回家，想告訴老婆新計畫。但看著老婆肚子裡的孩子，又不忍心說出口。年輕的他失去方向，只有「日日呼酒買醉」。

再讀〈與妻訣別書〉，我最感動的不是林覺民超越凡人的大情懷，而是夫妻之間的小甜蜜。他十八歲時娶了小他一歲的陳意映，回憶新婚，「窗外疏梅篩月影，依稀掩映。吾與汝並肩攜手，低低切切，何事不語？何情不訴？」

哪一段愛情不是這樣呢？當我讀到「低低切切」四個字，林覺民突然活了過來。他不需要再戴著「拋頭顱灑熱血」的大帽子，他只是一個剛戀愛的少年！

我們只記得林覺民是個烈士，卻沒有想到他也是一個年輕的爸爸。他十九歲時生下長子依新，二十四歲死前太太已有身孕。他死後一個月，意映早產生下第二個男孩仲新。兩年後意映抑鬱而終，不久後，長子依新也因病過世。一個家庭，就這樣破碎了。

「人」比「人物」更值得懷念

當我在紀念青年節時，我想起的不止是那七十二名烈士，還包括那七十二個破碎的家庭。我懷念的不是推翻清廷，而是這一對對年輕夫妻。所謂的大時代，也不過就是人的故事。這些人和我們沒有兩樣，只不過都做了大事。

我們花了太多時間去背誦「公眾人物」的豐功偉績，而沒有去了解那些「人」的家常故事。後人或媒體在塑造「人物」時有教化目的，難免避重就輕。但「人」就是人，往往一言難盡。好的「人物」，未必在私下是好「人」，而好的「人」，也未必會成為人物。為了聯考，我背了那些「人物」。但為了人生，我寧願去認識那些「人」。

九十九年後的今天，時代和人心都變了。狗熊比英雄多，保命比革命急迫。但環境雖變，仍有許多年輕夫妻，為了規模較小的革命，日夜奮鬥。認識林覺民二十五年後，我從青年變成中年，才深深體會到青年的可貴。他們總是這樣不聰明、不世故、不計較地去做這些傻事，革命也好，愛情也好。青年節真正該提倡的，不是奮發向上，而是年少輕狂。

就像林覺民這樣。除了「烈士」頭銜，他也是一個老公，一個爸爸。做為烈士，他求仁得仁。但做為爸爸，他沒有盡到責任。但正因如此，他反而更真實，更值得尊敬。他跟我們一樣，無法面面顧到，在掙扎和懊悔中，做了人生最大的決定。古往今來，誰能雙全？每一段功績背後，都有一段辜負。今日紀念林覺民最好的方法，也許不是熟背意映卿卿如唔，而是想想我們的付出，和我們的辜負。

——原載二〇一〇年四月十五日《聯合報》

柯老師的私房閱讀祕笈

讀過林覺民〈與妻訣別書〉的讀者大概都把他看成我們無法比擬的烈士。本文作者多年後，重讀此書信，對林覺民有不一樣的看法。作者說「他也是一個爸爸」。這是作者的主張及見解。因此閱讀本文，讀者需要找出作者用以支持其意見（論點）的理據或例子，並看看你是否同意作者的論點。

閱讀目標

① 認識「一個人對相同一件事的觀點可以因時空而改變」。

② 找出文中作者的意見及支持其意見的事實。

方法

① 全文第一句，「當我不再是青年，我才開始慶祝青年節。當我不再崇拜英雄，我才看到英雄的人性。」作者用「不再」、「才」……表明有一些想法，是因時間、經驗、環境改變，自己對人事物的看法也有改變。全文前半段即在說明此改變。

② 本文的後半部則是針對青年「節」和「人與人物」（英雄崇拜）內涵改變的論述與理由，這是作者的「意見」，是他個人的看法。

③ 通常意見要有事實支持。事實是支持意見的理據。事實指的是發生過的、存在的、大多數人肯定的。請找出本文中的事實。例如：

當我不再是青年，我才開始慶祝青年節。當我不再崇拜英雄，我才看到了英雄的人性。（**作者的意見**）還記得三月二十九日嗎？很多年前，我們叫它「青年節」（**事實**）。今年的青年節默默地過去，沒有人慶祝，甚至沒有人提起。

但我卻舉辦了一個私人的紀念會（**事實**）。在這場一人的紀念會中，我認識了九十九年前那些革命黨人。然後我發現：其實我從來不認識他們。

每年到了這些日子，學生被逼著排字、做壁報、出席晚會、參加作文比賽。再怎麼愛國的孩子，年復一年參加教條式的活動，久了也產生反彈。（**意見**）

讀後回應

1. 請列出作者關於人和人物相對的描述。例如，

人物	人
烈士	爸爸
英雄	情人
被塑造	真實的
有教化目的	一言難盡的

2. 你同意作者的意見「他（林覺民）也是一個爸爸」？作者給的理據或例子是什麼？
3. 讀過本文，請找出「與妻訣別書」中，林覺民在文中所呈現的不同角色，逐一列出。例如：「犧牲吾身與汝身之福利，為天下人謀永福」表示他是勇者。「吾與汝並肩攜手，低低切切，何事不語？何情不訴？」表示他是熱戀中的人。推論林覺民的角色是「意見」。意見需要事實支持，請繼續說說你推論的理由。

主題
論述

科學家的苦悶　陳之藩

作者介紹

一九二五年生，北洋大學電機系學士，美國賓夕法尼亞大學科學碩士，英國劍橋大學哲學博士。曾任美國普林斯頓大學副研究員，休士頓大學教授，香港中文大學講座教授，波士頓大學研究教授、香港中文大學電子工程系榮譽教授。著有散文集《旅美小簡》、《在春風裡》、《劍河倒影》、《一星如月》等作品。

科學家的苦悶

文・陳之藩

朋友來信說，愛因斯坦死了，你應該寫一段紀念他的文章，不是你還譯過一本宇宙與愛因斯坦嗎？是的。富蘭克曾經寫過一本書叫做愛因斯坦與他的時代，這本書幾乎把愛氏的思想路線，和盤托出。以一個物理學家兼哲學家，寫另一個物理學家兼哲學家，是再適切沒有的了。在此，我只寫：到了晚年，愛因斯坦的苦悶在那裡。

心理學家曾經做過一個狗的實驗：放上一塊肉，又通上些電，狗一吃肉，即遭電一擊，久之，狗既不吃，也不走，在那裡汪汪的叫。這是狗的苦悶。狗想吃肉，所以不走，又怕電擊，所以不吃，唯一的出路是在那裡叫。當人遇到這種無所適從的環境就自然而然的產生一種感覺——苦悶。

愛因斯坦，到了晚年是有其苦悶的。

前天有一張報，登載著一條新聞，是一個教授在紀念愛氏的會上說，他曾於去年十一月見了愛因斯坦一次面，愛氏向他說：「我後悔寫信給羅斯福總統了，不應該建議他製原子彈。不過，我當時的動機是怕德國先製出來，那人類就完了。」從這裡可以看出愛因斯坦苦悶的一點消息來。歐本海默事件鬧得如火如荼時，有人訪問愛因斯坦，愛氏說：「我寧願去做一個弄水管的工人。」他老人家幾乎都憤怒了。我們於此，恐怕要源源本本的說起。

歐本海默事件最終的判決是忠誠而危險。既是忠誠，何來危險？既是危險，又怎麼會忠誠？這五位科學家所組成的審議會中，五個人的頭腦也是有其苦悶的，由於苦悶，表現出如是矛盾的斷語。

苦悶在哪裡呢？

以歐本海默為例，歐本海默是娶了個曾經當過共產黨的太太，也曾經與共產黨有過聯繫，但這是在共產黨思想最風行的時代，好人上的當。有了這樣一段歷史，五位科學家可以說他是危險的。但已事隔多年，現在則沒有這回事，所以五位科學家可以說他是忠誠。就因為這樣，歐氏被革除了，在歐氏這方面，如果隔斷了原子科學進展的消息，無異宣布了他學術的死刑。他沒有犯罪，為什麼要宣布學術上的死刑呢？在政府這方面，則是有不得已的苦衷，萬一歐氏是危險而不是忠誠，再讓他繼續在原子能委員會工作下去，豈不是把整個新大陸置於敵人的原子彈的陰影中？

但是，學術因而受到的摧殘是無可懷疑的。愛因斯坦的苦悶於是產生了：何去何從呢？學術如果失掉了自由研究的園地，還叫什麼學術？可是當着整個人類在原子彈陰影之中，你試原子，我也試原子，不求安全之策，又該如何？

愛因斯坦，是一個源，苦悶的浪潮沸騰在美國。我來此僅三個月，學校裡常出現些莫名其妙的事情：華盛頓大學召開的生物物理學家會議，邀歐本海默參加，華盛頓大學校長不幹，說這個人有問題，於是受邀的人全不去了。哥倫比亞大學校長正在辦公，有人送來一本擁護學術自由的宣言，請他簽字，他拒絕簽字，來人說：你不擁護學術自由嗎？他說：我當然擁護學術自由，不過你們這個宣言是政客搞的，在搞政治的事情。

左派仁兄們專會利用時機來分化與滲透，乃是不必懷疑的，然而問題依然是問題。現在到了這樣一個階段，科學家的任何一個小改進，其力量都足以震撼整個地球。埋首的科學家於此不能不有所思考了。因為整個人類的命運把握在他們手裡。所以在一九五二年，愛因斯坦曾慨乎言之：現在的專家教育不是教育，否則，專家豈不是訓練有素的狗。他之所以反對教育太過專門，即是怕整個人類會因為他們的無意識的行為而受害。然而什麼才是通才教育，他沒有說，因為他想不出一個方案來。

為了科學本身的影響太嚴重，所以研究的園地也越來越不自由。商人為了保持利益，有些工業程序當然是祕密的；國家為了保持安全，有些國防建設也需要是祕密的。既然這種情勢因科學之本身而形成，當然隨科學之本身之存在而存在。於是愛好自由的人苦悶了。

羅素在論科學對社會裡的衝擊裡說，自由世界是有希望的，因為它自由，自由即可促使科學進步，而科學進步，就是安全的保障。納粹如果不趕走理論科學家，他也許勝利了；蘇俄如果不提倡米邱林，也許小麥產生的多些。

美國是世界上最自由的天地，於今自由的天地有一部不是自由的了。對於一個愛好自由的人，還有比這件事再令人悲哀的嗎？

然而，不如此，又如何呢？原子能之父歐本海默不在原子能委員會工作，因而在進步上也許有鉅大的遲滯，但美國寧受這種損失，而不能冒原子能洩露的危險。

愛因斯坦苦悶了。

科學如愛麗絲那塊餅乾，吃下去以後，自己即不能控制的膨脹起來。餅乾原是解餓的，餓是解了，但整個身體已成畸形。始作俑者，又想不出再使愛麗絲瘦下來的汁水，不苦悶嗎？

愛因斯坦在一九五〇年完成他的統一場論，在物理學中的局面已屬大功竟成，他可以無憾而瞑目的。然而，在易簀時的心情，也許像那隻狗，肉上有電，又想吃，又怕電；苦悶的逝去。

——摘錄自《旅美小簡》二〇〇六年一月天下文化出版

對中學生的你來說，這一篇文章可能顯得「遙遠」，但本文像「他也是一個爸爸」一文，都指出一個人對同一件事在不同的時空可能會有不同的觀點。作者以一個心理學實驗做類比，說明「苦悶」是什麼，以及科學家為什麼會苦悶。

閱讀目標

① 認識「一個人對相同一件事的觀點可以因時空而改變」。

② 認識類比的用法。

方法

① 第一段作者寫為什麼會寫這一篇文章，你可以略讀。

② 第二段作者介紹心理學實驗，解釋什麼是苦悶。心理學稱這種無所適從的行為「習得無助」。這無助的感受是因環境的改變造成狗無所適從，而帶出來的。作者以狗的無所適從類比愛因斯坦的苦悶。請先找出關於狗苦悶的狀況。例：

心理學家曾經做過一個狗的實驗：放上一塊肉，又通上些電，狗一吃肉，即遭電一擊，久之，狗既不吃，也不走，在那裡汪汪的叫。這是狗的苦悶。狗想吃肉，所以不走，又怕電擊，所以不吃，唯一的出路是在那裡叫。當人遇到這種無所適從的環境就自然而然的產生一種感覺——苦悶。

③閱讀本文時，想著「習得無助」、「無所適從」的狗，找出作者認為愛因斯坦苦悶（「習得無助」、「無所適從」）的事例。例如：

我後悔寫信給羅斯總統了，不應該建議他製原子彈。不過，我當時的動機是怕德國先製出來，那人類就完了。

愛因斯坦曾慨乎言之：現在的專家教育不是教育，否則，專家豈不是訓練有素的狗。他之所以反對教育太過專門，即是怕整個人類會因為他們的無意識的行為而受害。然而什麼才是通才教育，他沒有說，因為他想不出一個方案來。

④由愛因斯坦的「何去何從」找出科學家的「何去何從」——科學家的苦悶。請找出文中有哪些地方說明科學家的「無所適從」——苦悶。例：

科學家的任何一個小改進，其力量都足以震撼整個地球……。因為整個人類的命運把握在他們手裡。為了科學本身的影響太嚴重，所以研究的園地也越來越不自由。……。國家為了保持安全，有些國防建設也需要是祕密的（**我的註解，有祕密就不自由**）

讀後回應

1. 請說一說苦悶狗的實驗。
2. 作者以此實驗類比說明科學家的苦悶，請找出相對應的事例。

主題論述

誰需要達爾文？　劉大任

作者介紹

臺大哲學系畢業，加州大學柏克萊分校政治研究所。任職於聯合國祕書處，一九九九年退休，現專事寫作。著作有小說《晚風細雨》、《殘照》、《浮沉》、《羊齒》、《浮游群落》等，散文及評論《憂樂》、《晚晴》、《月印萬川》、《冬之物語》、《空望》、《紐約眼》、《無夢時代》、《走出神話國》、《赤道歸來》、《閱世如看花》等。

誰需要達爾文？

文・劉大任

今年是達爾文誕生的兩百周年，也是《物種原始》出版的第一百五十周年，應該是人類歷史上一個相當值得重視的年份，這個人和這本書，幫助我們掃清了不少知識迷霧，創造了人和萬物真正平等相處的契機，提供我們觀察理解世界的一個新觀點。這種觀點，達爾文在《物種原始》結束前，最後一句話說得相當委婉：「從如此簡單的開始，最美麗最神奇的無窮盡的（生命）形式，不斷演化出來，此時仍在發生。這種生命觀，有它宏偉壯麗的一面。」（我的翻譯）。

這是一種什麼樣的生命觀？首先，它否定了地球生物源於超自然神力的「創造說」；其次，它指出，所有生命，無論外在形態多麼繁複歧異，卻隱然有個內在聯繫。萬物同源，複雜來自簡單。達爾文的時代，人類的知識領域裡，還沒有DNA，甚至，孟德爾的遺傳律，也受到壓制，無法公開傳播，然而，作為當代生物學研究共同基礎的「生命樹」觀念，已經出現在達爾文的著作裡面，雖然，他在一八三七年手繪的那個有名的「生命樹」，只有最原始的十幾個枝椏。

可以測知，這個觀點，是在「神」依然統治的社會壓力下，說出來的。

今天，有關「生命樹」的探索，到了什麼程度？

據報導，美國亞歷桑納大學的生物學家杉德森博士（Dr. Sanderson）正在努力把人類已知的所有植物的「種」（species），查明它們彼此的血緣關係，全部繪製在一張圖表裡面。這是地球四億五千萬年演化出來的大約五十萬個不同的植物「種」。杉德森和他的同事，利用超級電腦破解無數遺傳數據，據說距成功之期不遠。唯一的問題是，杉德森說：我們有辦法建立這張圖表，卻沒辦法讓你「看見」它！★

「生命樹」是一種思維方法。達爾文在《物種原始》中如此推論，一個「祖種」演化成不同的形態，分為各種族裔譜系，就好像大樹的萬千枝葉從一根枝幹發生成長。這樣的思維方法，往往幫助生物學家發現新的演化方式。現代數學和統計學發展出計算模式，電腦處理越來越龐大的資訊和數據，當代的「生命樹」，達爾文見到不免瞠目結舌，這種「超級特大的生命樹」，枝椏成千上萬。二〇〇七年，德國卡爾．馮．奧西茲基大學的賓甯達．艾德蒙茲博士（Dr. Bininda-Edmonds）公佈了一株「生命樹」，其中涵蓋了目前已知的所有哺乳動物，共計四千五百個「種」。最近這幾十年，生物學家大多認為哺乳類的主要譜系，是在六千五百萬年前恐龍絕滅之後，才獲得發展繁榮的機會。通過「哺乳類生命樹」提供的資訊，經過對比研究，賓甯達．艾德蒙茲博士的團隊發現，哺乳類動物早在恐龍滅絕之前的幾百萬年就已開始變異演化。同類性質的「生命樹」研究，同時在各國的研究機構內進行。美國北卡羅萊納州的國家演化綜合研究中心（Natioanal Evolutionary Synthesis Center）的生物學家史提芬．史密斯（Stephen Smith）及其同僚，創造了一株涵蓋一萬三千五百三十三個植物「種」的「生命樹」。研究發現，一向認為是活化石的蕨類植物，上億年來沒有什麼變化，實際上，它們的演化速度，比部份針葉植物和開花植物還要快得多。★

地球上的植物，不僅彼此相關，它們跟動物、真菌、細菌和其他生物也分不開。過去七年來，美國國家科學基金資助了一個「彙編生命樹計劃」（Assembling the Tree of Life），目標是「重構所有生物的演化源起」。不同的生物學小組收集資料，進行分析，同時，數學家和電腦科學家則在擬定方法，將所有的分析整合為一。★

現在，這些「生命樹」的圖象有點大而無當。四千五百種哺乳類動物的資料，變成圖表，需要長寬各兩公尺的螢幕。如果物種數目在百萬以上，這個巨大的「生命樹」，根本就無法「看」了。這顯然需要電子圖表專家加入奮鬥。專家們的希望是，將來有一天，涵蓋地球全部生命的演化資料，可以濃縮在手機大小的儀器中，隨時隨地調出來使用。就跟遺傳學家的理想一樣，人體的全部DNA圖譜，收進手機大小的儀器，供醫生診斷病情。★

萬物同源的「生命樹」，無疑是達爾文對人類知識的偉大貢獻，這種生命觀，經過一百五十年，今天仍然指導著我們的基本思維。達爾文的貢獻，還不止此。演化理論裡面的核心部份，「天擇說」，今天仍有強大生命力。

所謂「天擇」，中文的翻譯產生於上個世紀的二十年代，我覺得，今天讀來，味道不太合適。主要是「天」這個字，在中國人的腦袋裡，有特殊的意思。達爾文的原文是「natuaral selection」，即使按照字面，也應譯成「自然選擇」，更何況，達爾文的理論中，非常明顯，自然選擇是沒有目的的。「天」這個字，很容易與某種超自然的意志混淆，絕對不符合達爾文的想法。

達爾文的「自然選擇」概念，內容相當豐富，有些部份，不少生物學家難以接受，直到今天，由於遺傳學方面的飛躍發展，才逐漸成為當代科學的核心。舉例說，「自然選擇」中的「性別選擇」就不太好理解。雄孔雀的尾羽，演化到這樣的地步，無論色彩、體積和重量，都可能成為自己生存的障礙。首先，製造如此龐大的尾羽，需要多少營養資源？其次，尾羽發展到這樣程度，不但行動不便，惹人注目，更方便食肉天敵撲殺。然而，通過現代遺傳學有關DNA的研究，尾羽體積越大，色彩越鮮豔，越有可能獲雌孔雀的青睞，傳種的機會越高。所以，這個看似違反生存目標的策略，長期來講，在「自然選擇」的激烈競爭中，其實是成功率較高的。

事實上，雄孔雀這種自我冒險犧牲的策略，還不能算最膽大徹底，我們現在都已瞭解，有些物種的雄性，甚至把自己變成「食物」，交配完畢，立即成為雌性和下一代的養料。「自然選擇」既無超自然的目的，也沒有外部意志指導。這也是達爾文演化學說的一個重點。

「演化論」和「物種形成」（speciation）並非達爾文個人的天才發明。與他同時代的華萊斯，在印度尼西亞一帶單獨闖蕩多年，殊途同歸，基本完成了他的理論，但他也許受宗教或宗教壓力的影響，無法面對無目的的「自然選擇」。據說，達爾文的祖父就相信地球所有生物來自一個祖先，但他沒有任何證據支持，只能算是大膽空洞的意念罷了。達爾文所以能夠成就完整的理論，跟他興趣廣泛、多年堅持和細心查證的研究態度，密切相關。他關注的領域，包括生物化石研究、動物雜交技術和成果、生物的地理分佈、解剖學和植物等，各方面的知識最終形成廣博深厚的觀點，不僅「見人所未見」，而且，他建構的理論，經過一百五十年的嚴格科學思辯，日新月異的技術查驗，至今仍為主流，在人類追求真正知識的歷史長河中，確實是空前未有的奇蹟。

基於這個理論的「生命觀」，對今天的我們，究竟有什麼意義？

中國這個民族，是比較急功近利的。

達爾文這種「萬物同源」、「天道無親」的生命觀，既不能保證功利，又無法提供救贖，所以，百年來，只能成為學校教室範圍傳播實用知識的一個媒介，始終無法切入我們中國人對人生和命運的思考，即便在無神論統治了半個世紀以上的大陸，也不例外。

不過，還應指出，我所說的「生命觀」，絕對不是所謂的「達爾文主義」。「主義」是一種意識形態，不是科學。

誰需要達爾文？只要想想，逐漸富裕起來的海峽兩岸，如今從上到下，無不求神問卜，迷信風水，鑽營來生，這樣的社會風氣，難道不需要實事求是的科學精神？

——摘錄自《閱世如看花》二〇一一年二月洪範書店出版

柯老師的私房閱讀祕笈

本文的題目看似是一個提問，但作者目的在介紹達爾文學說的重點及意義。本文看似議論，但實際卻是說明較多。讀者需要撥開一層一層的說明，才能看到論述。

閱讀目標

①注意特別標示的詞彙。

②透過本文認識達爾文生命觀的重點。

方法

①當瀏覽本文時，你有沒有發現這篇文章有許多引號「」？首先請圈出所有的引號及其中文字。例如：「創造說」、「生命樹」、「神」、「種」、「看見」它等。

②在這麼多引號中，「生命樹」一詞出現最多次，顯然「生命樹」是本文重要概念。請在文中找出生命樹的定義，直接在文中畫出此定義。例如我挑的定義是：

「生命樹」是一種思維方法。達爾文在《物種原始》中如此推論，一個「祖種」演化成不同的形態，分為各種族裔譜系，就好像大樹的萬千枝葉從一根枝幹發生成長。

③由第四段開始大約有四段講的是有關「生命樹」的探索，目前到了什麼程度。（文中有標星星者）

④文章後半部也有引號，如「天擇說」、「自然選擇」等，這些是後半段出現較多的詞。同樣的，請在

上下文中圈出其定義。

⑤ 文中還有一個詞在文章的前半和後半部都有出現，叫「生命觀」。請在文中找出這些「生命觀」。例如：「萬物同源」（生命樹）、「天道無親」（自然選擇）的生命觀。

⑥ 回頭讀一次我們所圈出的「生命樹」、「生命觀」和「自然選擇」，你可以說出作者所認為的「達爾文的生命觀」嗎？

⑦ 重頭讀一次全文，有沒有比較好讀了？是不是與你剛剛整理出達爾文的生命觀很接近？

讀後回應

1. 說出作者所認為的達爾文的生命觀。
2. 本文最後，作者回應題目：「誰需要達爾文？」並提到海峽兩地都需要實事求是的科學精神。這與達爾文有什麼關係？

主題論述

錯誤—中國故事常見的開端　張曉風

作者介紹

江蘇銅山人。得過吳三連獎、中山文藝獎、國家文藝獎，當選過十大傑出女青年，曾任教東吳大學、陽明大學，現為立法委員。她編、寫戲劇、雜文、散文。詩人瘂弦則稱她是「詩人散文家」。著有散文集《玉想》、《從你美麗的流域》、《星星都已經到齊了》、《張曉風精選集》等。

錯誤—中國故事常見的開端

文．張曉風

在中國，錯誤不見得是一件壞事，詩人愁予有首詩，題目就叫〈錯誤〉，末段那句「我達達的馬蹄是美麗的錯誤」四十年來像一枝名笛，不知被多少嘴唇嗚然吹響。

《三國志》裡記載周瑜雅擅音律，即使酒後也仍然輕易可以辨出樂工的錯誤。當時民間有首歌謠唱道：「曲有誤，周郎顧」，後世詩人多事，故意翻寫了兩句：「欲使周郎顧，時時誤拂絃」，真是無限機趣。詩中描述彈琴的女孩因貪看周郎的眉目，故意多彈錯幾個音，害他頻頻回首，風流俊賞的周郎哪裡料到自己竟中了彈琴素手甜蜜的機關。

在中國，故事裡的錯誤也彷彿是那彈琴女子在略施巧計，是善意而美麗的——想想如果不錯它幾個音，又焉能賺得你的回眸呢？錯誤，對中國故事而言有時幾乎成為必須了。如果你看到〈花田錯〉、〈風箏誤〉或〈誤入桃源〉這樣的戲目不要覺得古怪，如果不錯它一錯，那來的故事呢！

有位德國戲劇家布萊希特寫過一齣〈高加索灰闌記〉，不但取了中國故事做藍本，學了中國平劇表演方式，到最後，連那判案的法官也十分中國化了。他故意把兩起案子誤判，反而救了兩造婚姻，真是徹底中式的誤打誤撞，而自成佳境。

身為一個中國讀者或觀眾，雖然不免訓練有素，但在說書人的梨花簡嗒然一聲敲響，或書頁已盡，正準備掩卷嘆息的時候，不免悠悠想起，咦？怎麼又來了，怎麼一切的情節，都分明從一點點小錯誤開始？

我們先來說《紅樓夢》吧，女蝸煉石補天，偏偏煉了三萬六千五百零一塊。本來三萬六千五百是個完整的數目，非常精準正確，可以剛剛補好殘天。女媧既是神明，她心裡其實是雪亮的，但她存心要讓一向正確的自己錯它一次，要把一向精明的手段錯它一點。「正確」，只應是對工作的要求，「錯誤」，才是她樂於留給自己的一道難題，她要看看那塊多餘的石頭，究竟會怎麼樣往返人世，出入虛實，並且歷經情劫。

就是這一點點的謬錯，於是大荒山無稽崖青埂峰下，便有了一塊頑石，而由於有了這塊頑石，又牽出了日後的通靈寶玉。

整一部《紅樓夢》，原來恰恰只是數學上三萬六千五百分之一的差誤而滑移出來的軌跡，並且逐步演化出一串荒唐幽渺的情節。世上的錯誤往往不美麗，而美麗又每每不錯誤，唯獨運氣好碰上「美麗的錯誤」才可以生發出歌哭交感的故事。《水滸傳》楔子裡的鑄錯則和希臘神話〈潘朵拉的盒子〉有些類似，都是禁不住好奇，去窺探人類不該追究的奧祕。

但相較之下，洪太尉「揭封」又比潘朵拉「開盒子」複雜得多。他走完了三清堂的右廊盡頭，發現了一座奇特神祕的建築：門縫上交叉貼著十幾道封紙，上面高懸著「伏魔之殿」四個字。據說從唐朝以來八、九代天師每一代都親自再貼一層封條，鎖孔裡還灌了銅汁。洪太尉禁不住引誘，竟打爛了鎖，撕了封條，踢倒大門，撞進去掘起石碣，搬走石龜，最後又扛起一丈見方的大青石板，這才看到下面原來是萬丈深淵。剎那間，黑煙上騰，散成金光，激射而出。僅此一念之差，他放走了三十六座天罡星和七十二座地煞星，合共一百零八個魔王……

《水滸傳》裡一百零八條好漢便是這樣來的。

那一番莽撞，不意冥冥中竟也暗合天道，早在天師的掐指計算中——中國故事至終總會在混亂無序裡找到秩序。這一百零八個好漢畢竟曾使荒涼的年代有一腔熱血，給邪曲的世道一副直心腸。中國的歷史當然不該少了堯舜孔孟，但如果不是洪太尉伏魔殿那一攪和，我們就要失掉夜奔的林沖或醉打出山門的魯智深，想來那也是怪可惜的呢！

洪太尉的胡鬧恰似頑童推倒供桌，把裊裊煙霧中的時鮮瓜果散落一地，遂令天界的清供化成人間童子的零食。兩相比照，我倒寧可看到洪太尉觸犯天機，因為沒有錯誤就沒有故事——而沒有故事的人生可怎麼忍受呢？

一部《鏡花緣》又是怎麼樣的來由？說來也是因為百花仙子犯了一點小小的行政上的錯誤，因此便有了眾位花仙貶入凡塵的情節。犯了錯，並且以長長的一生去截補，這其實也正是大部分的人間故事的底本吧！

也許由於是農業社會，我們的故事裡充滿了對四時以及對風霜雨露的時序的尊重。《西遊記》裡的那條老龍王為了跟人打賭，故意把下雨的時間延後兩小時，又把雨量減少三寸零八點，其結果竟是慘遭斬頭。不過，龍王是男性，追究起責任來動用的是刑法，未免無情。說起來女性仙子的命運好多了，中國仙界的女權向來相當高漲，除了王母娘娘是仙界的鐵娘子以外，眾女仙也各司要職。像「百花仙子」，擔任的便是最美麗的任務。後來因為訪友下棋未歸，下達命令的系統弄亂了，眾花在雪夜奉人間女皇帝之命提前齊開。這一番「美麗的錯誤」引致一種中國仙界頗為流行的懲罰方式——貶入凡塵。這種做了人的仙即所謂「謫仙」（李白就曾被人懷疑是這種身分）。好在她們的刑罰與龍王大不相同，否則如果也殺砍百花之頭，一片紅紫狼藉，豈不傷心！

百花既入凡塵，一個個身世當然不同，她們佻達美麗，不苟流俗，各自跨步走向屬於她們自己的那一番人世歷程。

這一段美麗的錯誤和美麗的罰法都好得令人豔羨稱奇！

從比較文學的觀點看來，有人以為中國故事裡往往缺少叛逆英雄。像宙斯，那樣弒父自立的神明，像雅典娜，必須拿斧頭砍開父親腦袋自己才跳得出來的女神，在中國是不作興有的。就算搗蛋精的哪吒太子，一旦與父親衝突，也萬不敢「叛逆」，他只能「剔骨剜肉」以還父母罷了。中國的故事總是從一件小小的錯誤開端，諸如多煉了一塊石頭，失手打了一件琉璃盞，太早揭開罎子上有法力的封口（關公因此早產，並且終生有一張胎兒似的紅臉）。不是叛逆，是可以諒解的小過小犯，是失手，是大意，是一時興起或一時失察，「叛逆」太強烈，那不是中國方式。中國故事只有「錯」，而「錯」這個字既是「錯誤」之錯也是「交錯」之錯，交錯不是什麼嚴重的事，只是兩人或兩事交互的作用——在人與人的盤根錯節間就算是錯也不怎麼樣。像百花之仙，待歷經塵劫回來，依舊是仙，仍舊冰清玉潔馥馥郁郁，仍然像掌理軍機令一樣準確的依時開花。就算在受刑期間，那也是一場美麗的受罰，她們是人間女兒，蘭心蕙質，生當大唐盛世，個個「縱其才而橫其豔」，直令千古以下，回首乍望的我忍不住意飛神馳。

年輕，有許多好處，其中最足以傲視人者莫過於「有本錢去錯」。年輕人犯錯，你總得擔待他三分——

有一次，我給學生訂了作業，要他們每人唸幾十首詩，錄在錄音帶上繳來。有的學生唸得極好，有的又唸又唱，極為精彩，有的卻有口無心。蘇東坡的「一年好景君須記，正是橙黃橘綠時」，不知怎麼回事，有好幾個學生唸成「一年好景須君記」，我聽了，一面搖頭莞爾，一面覺得也罷，蘇東坡大約也不會太生氣。本來的句子是「請你要記得這些好景致」，現在變成了「好景致得要你這種人來記」，這種錯法反而更見朋友之間相知相重之情了。好景年年有，但是，得要有好人物來記才行呀！你，就是那可以去記住天地歲華美好面的我的朋友啊！

有時候唸錯的詩也自有天機欲洩，也自有密碼可索，只要你有一顆肯接納的心。

在中國，那些小小的差誤，那些無心的過失，都有如偏離大道以後的岔路。岔路亦自有其可觀的風景，「曲徑」似乎反而理直氣壯的可以「通幽」。錯有錯著，生命和人世在其嚴厲的大制約和慘烈的大叛逆之外也何妨採中國式的小差錯小謬誤或小小的不精確。讓岔路可以是另一條大路的起點，容錯誤是中國式故事裡急轉直下的美麗情節。

——原載一九八九年十二月廿二日《中國時報》人間副刊．選自九歌版《玉想》

議論文有清楚的論點，這是作者的主張、立場及見解。而論點須要論據，也就是作者用以支持論點的理據或例子。本文作者由中國故事常見的開端，提出：「在中國，錯誤不見得是一件壞事」。這是一篇主題清楚的論述，作者開門見山，提出他的立場。閱讀過程中，請讀者注意作者的論據。同時，在閱讀議論文時，我們鼓勵讀者一邊閱讀，一邊回應，你是否贊成作者的論點。

閱讀目標

① 認識作者的論據。
② 回應作者的論點。

方法

① 本文標題「錯誤—中國故事常見的開端」，表示作者會以中國故事為基礎來說明「錯誤」，請標出作者引用的故事（如左圖）。
② 寫出作者認為每一篇故事的錯誤所在。這是作者的論據。
③ 完成下圖，你就能看到本文的重點了。

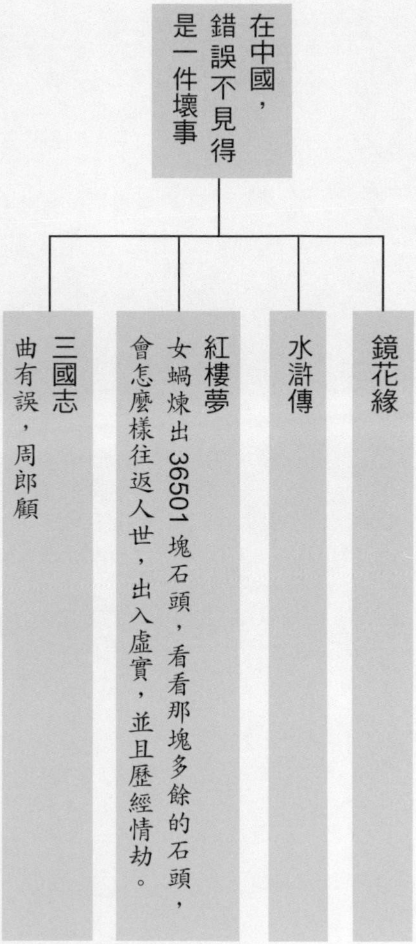
在中國，錯誤不見得是一件壞事
鏡花緣
水滸傳
紅樓夢
女媧煉出36501塊石頭，看看那塊多餘的石頭，會怎麼樣往返人世，出入虛實，並且歷經情劫。
三國志
曲有誤，周郎顧

讀後回應

1. 作者說：「如果不錯它一錯，那來的故事呢？」你同意嗎？
2. 作者說：「中國式的小差錯、小謬誤或小小的不精確。讓岔路可以是另一條大路的起點。」並延伸，年輕，有「有本錢去錯」。你同意嗎？

主題
論述

拒絕不容質疑的神聖目標　楊照

作者介紹

一九六三年生，國立臺灣大學歷史系畢業，美國哈佛大學博士候選人。現為News98 電臺《一點照新聞》主持人。著有：《流離觀點》、《文學的原像》、《文學、社會與歷史想像》、《夢與灰燼》、《知識分子的炫麗黃昏》、《問題年代》、《十年後的臺灣》、《我的二十一世紀》、《在閱讀的密林中》、《如何做一個正直的人》等。

拒絕不容質疑的神聖目標

文・楊照

佐佐木八郎是個東京大學的文科生。他留下來的日記手札顯示，在他生命的最後一年，他讀了馬克思、恩格斯、叔本華、邊沁、彌勒、盧梭、柏拉圖、費希特、卡萊爾、托爾斯泰、羅曼羅蘭、雷馬克、韋伯、契訶夫、王爾德、湯瑪斯曼、歌德、莎士比亞、川端康成和夏目漱石的書。他真是個用功的學生，而且深深浸淫在西方哲學與文化的傳統裡。

時值第二次世界大戰末期。再往前追溯一點，佐佐木八郎在日記裡也透露了他對戰爭的看法，他不反對戰爭，但堅決反對軍方發動戰爭的理由。他不信「大東亞共榮圈」那一套，他認為戰爭的合法性，只能建立在摧毀邪惡的資本主義結構、結束人與人之間的剝削迫害關係，實踐公平與正義。所以他支持日本對「邪惡資本主義控制者」的美國、英國作戰，卻堅決反對日本軍方在中國的侵略行為。

這樣一位頭腦清楚、獨立判斷而且好學深思的青年，最後搭上了戰鬥機，飛上天空，將機鼻對準海上的一艘軍艦的煙囪，狠狠地撞上去，在一片火光與高溫爆炸中，犧牲了自己的性命。

佐佐木八郎是「神風特攻隊」的一員。執行最終任務前夕，佐佐木八郎在日記中寫著：「如果資本主義無法輕易推翻，卻可以在戰爭的挫敗中崩潰，那我們就有機會將眼前災難轉化為幸運的事。我們正在找尋火中重生的鳳凰般的事物。」

然而事實是，佐佐木將自身本來該是幸運的事，變成了無可彌補的悲劇。東大學生、國家菁英、時代先鋒，全都在零式戰鬥機狹窄的機艙中燒毀熔解了。

和一般印象中的「神風特攻隊」不同，佐佐木八郎不是為天皇而戰、為天皇而死的。他為自己心目中另外一個神聖目的——打倒資本主義——而獻身捐軀。可是光看那自殺的決心與方式，誰會留意佐佐木八郎的特殊用意呢？

的確，雖然不提天皇，佐佐木八郎的生命選擇，卻逃不開天皇崇拜的影響。他和其他為天皇而死的青年，都相信人應該服膺於某種神聖原則，完全臣服於神聖原則之下，必要時為神聖原則以及神聖原則保證的神聖未來，供奉自己的生命。

大多數「神風特攻隊」的青年，不敢也沒有能力質疑天皇。同樣地，佐佐木八郎也從來不曾質疑過「打倒資本主義」的絕對正確性。

日本天皇的神聖性

偉大的日本政治思想家丸山真男，戰後一直反覆地檢討天皇制度。他要檢討的，不是裕仁的戰爭責任、不是任何一個天皇，而是更深層的，天皇神聖性在近代日本社會所產生的巨大負面作用。

主張天皇的絕對神聖性，勢必得讓天皇離開人間、高於人間。任何具體的「人間性」都會減損天皇的神聖地位，讓他的子民拉近與天皇間的距離。因而天皇的神聖性，要靠其內容的空洞來維持。天皇沒有內容，天皇崇拜是絕對的、沒有具體對象內容的抽象感覺。正因為天皇是空洞的，天皇崇拜就經常被利用來裝填各種內容。這是丸山真男的洞見，也是他對日本社會的真切憂慮。

一八八二年，日本明治天皇頒下一份重要的敕書，規定軍隊不得涉入政治。敕書前言解釋軍隊與天皇的關係，天皇是精神、是大腦，軍隊則是天皇的軀體。敕書接著明言：不要為流俗所欺，軍隊唯一的效忠對象就是天皇。對天皇的義務重於泰山，相形之下，生死輕於鴻毛。

這份敕書用意在防止政黨利用軍隊，然而其變質作用卻是使得日本軍方從此不尊重、甚至輕視日本政府。在軍方眼中，天皇是神聖的，政府卻是世俗的、私利的，因而在效忠天皇、為天皇服務的前提下，日本軍方不只會反抗政府，甚至還會理直氣壯地暗殺他們不喜歡、不同意的政府官員。

他們是效忠天皇，還是假借天皇來擴張自己的權力？這兩種動機、這兩種作法，到後來就都混在一起，分不清楚了。日本軍方日益壯大，一步步走上軍國主義，一個主要原因就在：軍隊變成了那神聖而空洞的天皇的實質內容。天皇是神聖的，於是願意為天皇而死的軍人也變成神聖的，軍人的意志、軍人的選擇，連帶都成為神聖的。

教育敕書的影響

還有一八九〇年的「教育敕書」，也很重要。明治維新開放引進的西方知識，使許多人感到憂心忡忡，怕「日本本質」被西方文化取代了，更怕未來的日本人都變得像西方人那樣自由、隨便、沒規矩。「教育敕書」就是要重申由日照大帝傳下來的日本世系，何等崇高、何等神聖，教育目標必須放在教忠教孝，教日本學生服從父親、服從長輩、服從上司，當然更要服從天皇。教育的終極是讓受教者習得「為國獻身，共維天皇之位與天地同壽」。

「教育敕書」以官方力量，中止了日本國內的文化討論。西方可以學習，但西方文明化與知識，不能牴觸教育最終大綱大本——那就是國家與天皇。國家與天皇超越於知識之上，其神聖性不受知識所挑戰。

這兩道敕書，確立了天皇的神聖性，同時也灌注給後來日本年輕人固定的思想與情感反應。他們必須將自己的生命依附在某種不容質疑的神聖目標上，才得到「意義的安全感」，才相信自己一生沒有白活。而且信奉某個神聖目標的考驗與證明，就是願意為這目標犧牲自己的生命。

佐佐木八郎，正是這兩道敕書影響下的產物。他那麼熱情地閱讀了大量西方著作，但不管柏拉圖、盧梭、馬克思或羅曼羅蘭，都不足以刺激他懷疑人之所以為人的理由，他只是用打倒資本主義取代了天皇，繼續活在集體建構的「神聖性追求」裡，終至和一群天皇崇拜者、國家崇拜者，一起當了「神風特攻隊」，一起在戰爭中隕滅。

神聖是可怕的

神聖，是可怕的。愈神聖的東西愈可怕。神聖，阻擋了理性的介入，因為理性的起點，就是懷疑、就是批判。不能懷疑、不能批判，神聖事物絕對地凌駕於個人生命之上，終究使得個人所做的選擇，不再真正有「個性」。

在閱讀上，佐佐木很有個性，在評價日本軍方的中國行動上，佐佐木也很有個性。然而決定登上零式戰鬥機執行任務時，他失去了個性，他的個性被神聖目的給吞噬了。

神聖與個性，必然是衝突的。這也就說明了，為什麼愈民主愈個人化的社會，愈難有什麼神聖的信念。倒過來看，如果有人要把任何概念，不管是「臺灣」、「愛臺灣」、「本土」或「中華民國憲法」神聖化，如果這些概念在社會上愈來愈神聖，不准人家分析、不准人家批判，這個社會必然離理性與民主，愈來愈遠；離個性與個人尊嚴，愈來愈遠。

——摘錄自《如何做一個正直的人2》二〇一〇年八月本事文化出版

本文題目「拒絕」不容質疑的「神聖目標」，一開頭便將作者立場清楚表達。

閱讀目標

①認識因果推論
②認識議論的論點和立場與論據（理據）

方法

①首先確定自己知道何謂「神聖目標」。在文中圈出有「神聖」這兩個字的句子。
②文中有一個人物「佐佐木八郎」和兩份敕書，你若掌握，就達成本文閱讀目標。
1.「佐佐木八郎」：他是誰？他讀些什麼書？他對戰爭的看法是什麼？他對國家（天皇）的想法是什麼？作者怎麼描述「佐佐木八郎」？
2.第一份敕書：一八八二年，日本明治天皇頒布，規定軍隊不得涉入政治。這份敕書主要講什麼？其目的是什麼？
3.第二份敕書：一八九〇年，教育敕書。這份敕書主要講什麼？其目的是什麼？
4.作者稱這兩份敕書神聖，這兩份敕書與佐佐木八郎有什麼關係？
5.因果推論。作者說，「這兩道敕書，確立了天皇的神聖性，佐佐木八郎，正是這兩道敕書是影響下的產物。……終至和一群天皇崇拜者、國家崇拜者，一起當了『神風特攻隊』，一起在戰爭中隕滅。」作者在這裡把佐佐木和神聖目標連結，認為因神聖目標，佐佐木才登上零式戰鬥機執行任務。你覺得是這樣嗎？

讀後回應

1. 作者所謂的「神聖」是什麼？
2. 作者為什麼要讀者拒絕「神聖」？

說服式說明文

閱讀使你爬上巨人肩膀　洪蘭

作者介紹

福建省同安縣人，1969 年臺灣大學畢業後，即赴美留學，取得加州大學實驗心理學博士學位。現任中央大學認知神經科學研究所所長。致力科普書籍的譯作，曾翻譯近四十多本生物科技及心理學方面的好書。著作繁多，包含《講理就好》、《大腦的主張》、《洪蘭開講》、《請問洪蘭老師》以及譯作四十餘本等。

閱讀使你爬上巨人的肩膀

文・洪蘭

在人類史上，知識的累積從來沒有像過去一百年來這樣的驚人，從一九六一到八一年，這二十年間所累積的知識可以說是過去二千年的總和，從一九八一年到現在，知識又幾乎增加了一倍。難怪大家說資訊爆炸，因為現代知識的增加已經超越一般人可以負荷的能力，是前人無法想像的。比如說，在二十世紀之初，萊特兄弟（Wright brothers）剛發明滑翔機；一九二七年，林白便駕著單引擎飛機「聖路易精神號」飛越大西洋；到一九六九年七月，人類更登上了月球。尼爾・阿姆斯壯（Neil Armstrong）當時說出所有人的心聲：「我的一小步，人類的一大步。」在這短短的幾十年間，人類從不會飛到飛上月球，這種知識的累積與科技的進步真是驚人。

可以設計訂製生命的世界

又二十世紀初的時候，我們對生命的本質、來源、結構都很不瞭解，人的平均壽命才四十八歲，連血型有種類、不能隨意輸血都不知道，但是到一九五三年，詹姆斯．華生（James Watson）和法蘭西斯．克里克（Francis Crick）卻發現DNA的雙螺旋結構，開啟了分子生物學的大門。人類也是在短短的幾十年間，不但壽命延長到七十五歲，而且有複製人的能力了，一九九七年，英國成功的用成年的乳腺細胞複製出一頭羊，推翻生物學上成年細胞不再分化的定律，最近馬上要解出人類二十三對染色體的基因序列，可製作基因晶片以比對遺傳上的疾病。人類從萬物之靈變成可以被另一個人類設計訂製的生命，這個知識的累積不可謂不驚人。

當然，電腦的發明是這些科技突破的大功臣，二十一世紀最大的挑戰將會在生物科技與電子資訊方面。電腦使我們將記憶存放於外界，不再受到生理的限制（人腦只有三磅重，大約有10^{12}-10^{14}的神經元），人腦發明了電腦，電腦又反過來研究人腦。科學家把人腦稱為人類最後的一塊處女地，我們可以複製出個一模一樣的人，卻不能使這兩個人有一模一樣的記憶。人體什麼器官都能移植，卻不能移植大腦。如今人腦最後的解碼就落在電腦身上，人類的基因圖因為有電腦幫忙，才可能在短短的幾年內將序列排出。

因為知識的快速累積，科技的突飛猛進，科學家對於未來世界的預測都不敢超過五年，有人甚至連預測兩年後會變成什麼樣都不敢（還記得這兩年e-mail和大哥大的普遍情形嗎？），因為科技的進步是成等比級數上升，人類無法看到那麼遠。我們的祖先無論如何都不可能預測到今天我們生活的方式；不要說祖先，就連生在本世紀，在馬來半島叢林中躲了四十年的人重回人間後，也不敢相信人類的文明可以在二次世界大戰後進步得這麼快。

科學上的發明可以進步這麼快，最主要是因為人類的知識可以累積。我們有文字，可超越時空的阻隔，將前人一生研究的心血記錄下來，流傳後世，使我們可以站在他們的肩膀上，看得更高、更遠。還記得牛頓說他是站在巨人的肩膀上那一段話嗎？一個人的生命有限，如果沒有前面無數人的努力，我們今天不可能坐在這裡享受這麼進步的科技文明。因此，面對二十一世紀資訊爆炸唯一的武器，便是閱讀——在最短的時間內吸取別人研究的成果。閱讀是目前所知唯一可以替代經驗使個體取得知識的方法（這裡所指的知識是已被內化，隨時可以取用的東西）。

背景知識是智慧的鷹架

我們吸取外界知識一般來說有兩個管道：聽和看，因為聽覺是時間性的，時間流過去，聲波就消失。因此，除非大腦中已有背景知識的架構，可以捕捉這些聲波，使它意義出現，不然有聽沒有見，好像在聽外國人講外國語一樣，雖然很努力聽仍然無法重複。一般俗語所說的「鴨子聽雷」指的便是這個現象，因為不瞭解意義，聽過聲波消失後，無法在大腦留下記憶的痕跡。（對於記憶的處理，一般可以分為工作記憶和長期記憶，訊息經過工作記憶的處理後，轉存入長期記憶，而工作記憶需要動用到先前的背景知識或認知架構，來幫忙處理新的訊息。）

視覺是空間性的，閱讀比聽講更能夠吸收較多的知識，原因是文字不會像聲音一樣消失，碰到文意不懂時，眼睛可以回去再看，這使訊息的吸收可以依照自己的步調進行。這是為什麼，聽演講時最能夠看出一個人對某個領域的功力，一般來說教授聽的比博士班學生多，博士班又聽的比碩士班學生多，而大學生聽專業演講大約只能聽到兩三成。在這裡，我們清楚的看到背景知識的重要性，它提供我們鷹架，讓後來的知識可以往上爬，進入它應該放置的位置。這也是為什麼我們的學習不是一個連續性的曲線，而是學習到某一個程度時豁然貫通，使自己提昇到另一個境界，也就是心理學所謂的頓悟——當所有的知識都放入恰當的背景架構中時，一幅完整的圖像才會浮出，我們才會恍然大悟，原來先前這些知識彼此的關係是這樣的，原來這個主題真正的意義在這裡。於是這個主題的知識便被內化成為你所瞭解的東西，可以經由你自己的口，說出來給別人聽了。這個知識即使改變成很多不同的形狀，你還是認得它，不會被外表的形狀所蒙蔽，你自己也能任意變換描述它的方式而不失真。這就是為什麼真正懂的人，可以深入淺出的把一個困難的概念講得別人聽得懂，而半瓶醋的人往往說得天花亂墜，聽的人卻覺得不知所云。

在研究所裡，我們常叫學生上臺作報告，當一個學生可以不看講稿、侃侃而談時，他所講的是已被他自己吸收、內化了的知識。在學習上，我們深切希望能做到這一點，因為一個死記背誦而來的知識是無法轉換的，而一個無法轉換的知識是無法觸類旁通、引發新的知識的。知識的不足，使得我們的學生無法達到批判性思考的地步或做出獨立判斷的能力，假如你不知道別人講得對不對，如何做出任何的判斷？假如你不知道這件事情的來龍去脈，如何對它提出批判性的思考？

目前我們的社會上充滿盲從、人云亦云的現象，最基本的原因就是我們國民的知識不夠，不足以作有智慧的判斷。這點是目前大力推動閱讀的最主要原因，要使臺灣成為科技島，國民的基本常識一定要提高，而閱讀，便是提昇這個能力最簡便、最快捷的方式。

閱讀的好處不只是它打開了一扇通往古今中外的門，讓你就你自己的時間、自己的步調在裡面翱遊，它同時可以刺激大腦神經的發展，使你的大腦不會退化。最近的研究發現，義大利北部文盲和讀過五年書的老人，在阿茲海默症（老人失智症）上的比例是十四比一，也就是說，讀過幾年書、可以看報紙的人，得阿茲海默症的機率比不認得字的人少了十四倍。十四倍在醫學上是個很大的差距，有沒有動腦筋造成這個差別，是因為大腦的神經元基本上是用進廢退。從猴子的實驗中我們發現，當把小猴子的中指頭切去，原來掌管中指的神經，便會朝兩邊伸過去掌管食指和無名指了；一個人的手臂出意外鋸掉以後，原來的手的神經便會伸到別的部門去管別人的事，神經是不會無所事事的。一個沒有與其他的同步發射過的神經元會被修剪掉。閱讀時，每一個字會激發其他的字，會聯想到過去的經驗，你的神經會像骨牌效應一樣，一個牽動一個，發射起來形成綿密的神經網路。

增加忍受挫折的能力

閱讀的另一個好處是增加個體忍受挫折的能力，減少心理上因無知而造成的恐懼感。在遭受打擊時，我們第一個反應常是「為什麼是我？」（Why me?）認為上天對自己不公，開始怨天尤人。一個人如果把精力花到怨怪別人身上，自然沒有餘力思索解決問題之道。而且因為大家都不喜歡與愛抱怨的人在一起，所以這個人就愈來愈孤獨，愈落單，一個人獨處時就愈會鑽牛角尖，愈怨嘆就愈沒有朋友，惡性循環之下，憂鬱症就出現了。

其實，太陽底下無新鮮事，大部分的事情，過去都曾發生過，只是時間、地點、人名不一樣而已，這是為什麼讀歷史可以以古鑑今，幫助我們解決現在的問題。閱讀別人的經驗可以幫助我們克服現在的困難，激勵自己再出發。同時人一旦發現別人也曾和自己一樣受過這個苦，心中不平之氣就會消減許多，這是為什麼在醫療上「支持團體」（supporting group）這麼有效的原因了。所謂同病相憐，一旦人感到自己沒有那麼孤單，挫折感就減輕了一半，就比較能正確的面對問題。

當我們無知時，很容易感到恐懼，算命的流行，就是因為對未來的不可預知造成心中的恐懼感，使得人願意花錢買一個心靈的平靜（大部分的算命是報喜不報憂）。事情不論多壞，如果我們知道該怎麼處理，就不會焦慮、害怕。我們可能會憤怒、悲傷，但不會是惶恐、不知所措。那麼，怎麼樣才可以減少自己因無知所引起的焦慮？這個答案仍然只有閱讀，從瞭解問題本質尋求解決之道，從別人的經驗汲取教訓。我們說：讀書可以改變氣質，這是因為讀了很多書，視野變得寬廣，不會再為芝麻綠豆小事煩心，眉頭不會深鎖。知識淵博，使你對問題有很多的解決方式，你的成竹在胸，使你談吐有物，進退得體，這便是風度和氣質。氣質必須經過讀書的薰陶，急促是不可得的，也無法作假的。

最後，閱讀帶給你最大的好處是別人偷不走、搶不掉的知識。這個儲存在腦裡的知識讓你隨時可以拿出來把玩，它使你在看山是山、看水是水時，能夠進入更高的意境，使你在任何時候、任何地方都能夠怡然自得，做到歸真返璞、終身不辱的境界。

因此，做一個學生，現在應該準備的是語文能力和組織能力。語文能力是因為全球科技的進步，已經拉近人們的距離，朝發夕至已經不是新聞，而是日常生活的一部分。地球村化的結果，是做到了古人說的天涯若比鄰，尤其是臺灣加入世界貿易組織後，外國會紛紛湧入臺灣做生意，國際語言的能力是我們必備的，而且有了它才能與外國人溝通，才能上網搜尋別國的資料充實自己。

現在所有的資料都在網上，下載便可，但如果沒有組織能力，呈交出來的便是「資料彙集」而非「心得報告」。資訊太多以後，必須知道取捨，並從取下的資料中找出彼此之間的關係，整理出自己的創見。這個趨勢已從各個大學逐漸走向開放式的考試，老師出題後，學生回去上網找資料找答案，複誦式的記憶已經落伍了。我們前面說過，電腦的記憶體比人類的大幾百倍，而且一再取用不會變形，因此，現代的教學已不再要學生死記，組織能力，將前人或別人的東西轉化為你自己的，閱讀使你爬上前人的肩膀，有了這個能力，你才能夠在爬上去後不掉下來，並且可以高瞻遠顧，有一番創見。

再兩個月，二十一世紀便真正開始了，希望我們的學生能把握在校的時光，好好的充實自己，迎接二十一世紀的挑戰。

——摘錄自《講理就好》二〇〇五年九月遠流出版

這是一篇說服的文章，目的在讓讀者明白閱讀的重要。

閱讀目標

① 作摘要，找主題句

② 讀出作者寫作的方式

方法

① 摘要方法

摘要顧名思義就是摘取重要的概念。摘要是檢查自己是否讀懂作者最直接的方法。學習摘要有方法，以下將一步一步介紹摘要方法。

(一) 遇見意思相似的句子，刪去重複，留下一句。例如：

第一段

在人類史上，知識的累積從來沒有像過去一百年來這樣的驚人，從一九六一到八一年，這二十年間所累積的知識可以說是過去二千年的總和，從一九八一年到現在，知識又幾乎增加了一倍。難怪大家說資訊爆炸，因為現代知識的增加已經超越一般人可以負荷的能力，是前人無法想像的。比如說，在二十世紀之初，萊特兄弟（Wight brothers）剛發明滑翔機；一九二七年，林白便駕著單引擎飛機「聖路易精神號」飛越大西洋；到一九六九年七月，人類更登上了月球。尼爾・阿姆斯壯（Neil Armstrong）當時說出所有人的心聲：「我的一小步，人類的一大步。」在這短短的幾十年間，人類從不會飛到飛上月球，這種知識的累積與科技的進步真是驚人。

第一句和最後一句，都在說知識進步驚人。留最後一句，因此段中其他句子是例子，用來說明知識進步驚人。這一句是摘要，因只有一句，也稱這一段的主題句。

（二）逐段整理出主題句

有時不容易在內文中找出主題句，你必須自己整理。例如：

第二段第三小段

科學上的發明可以進步這麼快，最主要是因為人類的知識可以累積。我們有文字，可超越時空的阻隔，將前人一生研究的心血記錄下來，流傳後世，使我們可以站在他們的肩膀上，看得更高、更遠。還記得牛頓說他是站在巨人的肩膀上那一段話嗎？一個人的生命有限，如果沒有前面無數人的努力，我們今天不可能坐在這裡享受這麼進步的科技文明。因此，面對二十一世紀資訊爆炸唯一的武器，便是閱讀——在最短的時間內吸取別人研究的成果。閱讀是目前所知唯一可以替代經驗使個體取得知識的方法（這裡所指的知識是已被內化，隨時可以取用的東西）。

我先摘出主要的句子，再將句子合併，成為：

因人類知識可以以文字記錄下來，而我們可以透過閱讀吸取別人研究成果。

（三）跨段整合主題句，成全文摘要。

以第一段和第二段為例：

第一段主題句：在這短短的幾十年間，人類從不會飛到飛上月球，這種知識的累積 與科技的進步真是驚人。

第二段主題句：因人類知識可以以文字記錄下來，而我們可以透過閱讀吸取別人研究成果。

整合：這短短的幾十年間知識的累積與科技的進步真是驚人，還好人類知識可以以文字記錄下來，而我們可以透過閱讀，吸取別人研究成果。

② 請繼續依上面介紹的方法為每一段做摘要，最後整合出全文摘要。

③ 找出每一段的重點後，列出所有主題句，是否可以回答為什麼要閱讀？及閱讀的好處？

④ 你有沒發現，作者似乎採用自問自答的歷程，來說服讀者，但是他的問題是隱藏的。以下例子以（）表隱藏的問題。例如：

（一）（為什麼要閱讀？）因為「知識累積太快，透過閱讀可以吸收別人研究成果。」

（二）（為什麼是閱讀？）因為「視覺是空間性的，……，文字不會像聲音一樣消失，碰到文意不懂時，眼睛可以回去再看」。

（三）（閱讀和背景知識的關係？）「背景知識的重要性」，它提供我們鷹架，讓後來的知識可以往上爬，進入它應該放置的位置。……知識的不足，使得我們的學生無法達到批判性思考的地步或做出獨立判斷的能力，……。（簡言之，閱讀增長背景知識）

（四）（閱讀有甚麼好處？）現在請你從「閱讀的好處」這一段起，以筆圈出作者提的幾點好處。

讀後回應

1. 由於本文的寫作方式為作者假想讀者的提問，然後予以回應，以說服讀者。現在回頭檢視你做的摘要，是否回應了作者的自問自答？
2. 由文中資料，說明閱讀和背景知識的關係。

說服式
說明文

乘法與記憶　單維彰

作者介紹

美國賓州州立大學博士，現任中央大學數學系副教授。

乘法與記憶

文・單維彰

前陣子在一場會議之後，兩位家有稚子的媽媽同事問我，九九乘法表到底要不要背？我以為這已經是個過去的問題了。後來我被告知，還是有許多「憂心忡忡」的母親煩惱著這個問題。簡短地說，我的看法是：如果不背乘法表，就根本不必學習乘法了。因為（自然數的）乘法本身並不是一個計算方法，4X3 只是 4+4+4 的簡寫而已，正如 4^3 只是 4X4X4 的簡寫。如果有其他的「方法」可以便捷地計算 4+4+4+4+4+4+4，那就可以不必記憶 4X7=28。但是，除了記憶 4X7=28 以外，我個人實在不明白還有什麼其他方法，可以便捷地計算 4+4+4+4+4+4+4？而如果每次遇到 4X7，都要改用 4+4+4+4+4+4+4 來完成，那我們還要學乘法做什麼？為了讓這種「簡寫」在計算過程中有實務的用處，我們必須記憶乘法表。

但是，有人接著問，只要理解了乘法的意義，乘法可以用計算器來做，正如次方也可以用計算器來做，為什麼要浪費腦袋來記憶可以用機器計算的東西呢？這的確是三、五年前我們經常聽到的說法，我也以為這個討論已經塵埃落定了。我的簡短回應是，記憶就像金錢：記憶不是萬能，沒有記憶卻是萬萬不能。記憶是一個人真正的資產，是我們除了肉身以外，唯一真正能夠擁有的東西。它當然是寶貴而需要謹慎投資的。乘法表絕對是能夠讓（現代社會中的）人一生受用的記憶。事實上，當我為了執行一個研究案而參考英國數學課程標準的時候，發現文件中要求10－15歲之間的學子，還要記憶20以下的平方數以及10以下的立方數；我自己在小學五年級的時候，也被老師要求背誦了這些數，直到今天還是覺得方便實用。我個人還要求自己的孩子記憶2的1到10次方。

乘法當然可以用計算器完成，就像複雜的加減計算也可以讓計算器代勞。哪樣的計算該用心算（或簡短地筆算）？哪樣應該用機器？我請大家想像一個可以類比的情況：就好比讀英文，也可以說不必記憶太多字，反正電子字典的查詢那麼方便。但是，請想像你正在讀英文版的哈利波特，如果每一句話都有十個字不認識，理論上也可以一個字一個字地查啊。有任何人相信可以這樣讀一本英文書的嗎？文字的閱讀不僅是字與詞的認識，更重要的是概念的形成。如果不能流暢地閱讀，一字一踉蹌地窒礙難行，有閱讀經驗的人都會同意吧：這樣很難形成概念。

因此，我們必須具備基本的文法、基本的字形變化以及最基本的幾千個字彙，才能流暢地閱讀英文文件或小說，從中獲得概念或樂趣。相對地，我們必須具備基本的心算能力，記憶最基本的運算規則與等式，才能流暢地閱讀數學文件，也才能流暢地以數學思考來解決問題。哪樣的計算值得心算？這個問題當然因人因時而異。我提議一個簡單的準則：在你打開計算器或電腦軟體、輸入指令、看到答案的時間之內，能夠心算完成的計算，就值得心算。

所以，記憶不見得是為了加速計算，在親友的聚會裡表演神速的心算。**記憶的主要目的是為了思考的流暢。**流暢的思考有助於概念的形成與理解，當然也有助於產生創意。前一段時期，臺灣的國小數學教育以建構式的哲學領路，成功地讓學生與家長們相信，數學是一門重理解的學科。這是好的。但是可能產生過於輕忽記憶的副作用。★

有一則小故事，可以幫助記憶12^3。神奇的印度數學天才拉瑪努江（Ramanujan, 1887-1920）在英國水土不服，住進醫院。他的老師哈地（G. H. Hardy, 1877—1947）去探望他，可能沒什麼話好說，天氣也聊完了，就說他剛才搭計程車過來，那個車牌號碼是個看起來蠻無聊的數，1729。拉瑪努江立即說，這個數很有特色，它是能夠寫成兩組不同立方和的最小正整數。哪兩組？就算沒有記憶，也不難計算$9^3=81\times9=729$，再加10^3就是1729。另一組是$12^3=1728$再加一（1的立方還是1）。讀者不妨上網搜尋拉瑪努江，看看他的生平故事，對這個人多點同情，就會覺得這個故事更為親切，自然就能記得12^3就是1729—1

了。事實上，心理學者說，心算神速的人，都是能夠記憶大量計算結果的人。

記憶一些數，不只是在學校裡有用，只要隨時提高警覺，在生活中也經常有用。但是生活中的計算常是估算，不必非常精確。可是估算很難命題，或者是我們的數學考試沒有評量估算的傳統，總之估算的能力，因為不考，所以在整個數學教育中缺席了。這是非常令人惋惜的。此為另一個課題。要讓學校裡學的各種算術能力活用在生活中，除了記憶一些數，並且具備簡單的心算能力以外，還得培養估算的習慣和能力才行。以下是我自己遇到的例子，都發生在我開車和孩子們聊天的時候。

有一次我們需要知道半徑一英吋的圓面積大約有多少平方公分。我記得一英吋是 2.54 公分，所以面積是 $2.54^2 \times \pi$。我記得 π 大約是 22/7（也就是 3+1/7，大約 3.142857）。而 2.54 大約是 2.5=5/2，所以估算成 25X11/（2X7）。但是 $7^2=49$ 再乘以 2 就幾乎是 100。所以它大約是（25X11X7）/100。而 25/100 就是 1/4，所以所求為 77/4，故估算的結果是 19.25。我知道自己的估算比實際值小了一點（用 2.5 代替 2.54，用除以 100 代替除以 98），所以憑感覺提高一點，就說答案大約是 20 平方公分。（代數能力稍強的讀者可以理解圓面積等於其外接正方形面積的 π/4 倍，亦即 $\pi/4 \times 5.08^2 \approx 3/4 \times 25 = 18.75$；因為估算值略小於真值，也可以憑經驗提高到 20。真值大約是 20.27。）

又有一次，為了計算體重指數 BMI，需要做 $45/1.58^2$。先把 1.58 換成近似的 1.6，因為記得 $16^2=256$，所以大約是 45/2.56。再把 2.56 換成近似的 5/2，約分得到 BMI 大約是 18。反正這個數據距離危險指標 23 很遠，我們不在乎它的誤差。（真值大約是 18.03。）

自然數的乘法不只是同數連加的簡寫而已，它也幫助思考。自然數的最基本用處，就是點數：計算有幾個人？幾把椅子？幾張怪獸卡？之類的。讀者一定記得，在高中的某個時期學了排列組合，那是一套讓我們可以不必一一點數所有物件，而能快速決定共有幾個物件的數學方法。高中時代的排列組合是一種高竿的點數方法，但是這種「加速」的點數策略，從小學二年級就開始學習了：那就是乘法。例如，知道教室裡有六排座位，每排五人，則不必一一點數，就知道全部有 5X6=30 人。

自然數的乘法性質還是所有其他「人類創造的數」的基本模型。西方人說自然數是上帝創造的數；自然數的加減乘除計算，只是標準化與精簡化我們語言中處理數的那些動詞，例如添上、扣掉、不足、剩下等；自然數的計算是依附在日常語言中自然產生的。相對地，負整數、分數（有理數）和實數，都是人類的創造。既然是人的創造，它們的計算規則就是由人規定的。那些在日後被命名而且抽象化的計算規則，例如交換律與分配律，全部來自於自然數的具體經驗。所以，學習乘法還有第三層意義：為了將來處理整數、分數、小數和無理數的計算做準備。當然，到了後來還有複數、向量與矩陣。然而，這所有的計算，全部奠基於自然數的計算。

綜合而言，我希望「憂心忡忡」的媽媽們，可以站在一種有自信的高度來看待孩童的數學學習。理解、記憶、啟發和經常計算所累積的經驗和直覺，都是同樣地重要。也許，父母親的最大挑戰，是在生活中保持創意，隨時發現一些小問題，來啟發學童對於計算的興趣與估算的能力。

最後讓我補述一件事。自然數，乃至於所有的語言、文字，嚴格說來當然都是人類「創造」的。為什麼西方人要說「上帝創造自然數」呢？我認為可以借用陳之藩的名句來做個類比：「要謝的人太多了，不如謝天吧。」因為世界上超過六千種經過記錄的各種族語言，都有指稱自然數的字詞，而人類語言能力的發源已經實不可考，不知道這個普遍的能力從哪裡來的？不如就說是上帝創造的吧。

——摘錄自《科學月刊》九十七年六月

柯老師的私房閱讀祕笈

這也是一篇「說服」的文章，作者的目的是讓大家接受「要背九九乘法」的這個概念。

閱讀目標

①認識作者的說服方式。
②找出作者認為需要背九九乘法的理由。

方法

①瀏覽全文，讀每一段的第一句，有沒發現作者是以提問、回答的方式提出為什麼背九九乘法。例如：第一段結語是——「我們必須記憶乘法表。」第二段一開始——「但是，有人問只要理解乘法意義，……。乘法可以用計算器來做。」
②本文第二段開始，有些段落以連接詞為開頭。如但是、因此、所以。注意這幾個連接詞的性質。例如「但是」，表示下一段和上一段有不同立場。「因此、所以」表示兩段間有因果關係。閱讀時，這幾段需要連著讀，並讀出其意義上的銜接，不論是不同立場或是因果關係。
③本文第五段，「所以，記憶不見得是為了加速計算，……。」作者在此提出記憶的主要目的是為了思考的流暢。為上面的論述作一結語，但也為接下來的內容鋪路。
④比較一下，第五段之前和第五段之後作者給的理據有什麼不同。（第五段之前以英文單字來比喻記憶

的必要。第五段之後以故事和生活應用來說明記憶的必要。）

⑤ 倒數第四段，似乎又是一個結語。最後這四段作者以「自然數」乘法再次說明記憶乘法是一種思考方式，在生活應用上更常見。

讀後回應

1. 本文作者以什麼方式說服？參考上一篇「閱讀使你爬上巨人的肩膀」的說服方式，列出兩篇方式有什麼相同和不同的地方

閱讀使你爬上巨人的肩膀	乘法與記憶
作者想像讀者會有甚麼問題，逐一回應	

2. 將全文分三大段，找出每一大段作者用來支持其論述「記憶乘法是一種思考，在生活上也可應用」的事例。
第一大段：前一陣子到所以，記憶不見得是為了加速計算。第二大段：有一則小故事到又有一次。第三大段：自然數的乘法到最後一段。

	第一大段	第二大段	第三大段
思考			
生活應用			

說服式
說明文

從 astrology 到 astronomy（上） 孫維新

作者介紹

現任國立自然科學博物館館長。曾經榮獲中央大學理學院優良教師獎、國科會研究甲種獎與國科會指導大專生研究獎。曾親自製作、主持「航向宇宙深處」系列節目，獲得 1994 年金帶獎、1995 年李國鼎科技節目獎、2000 年金鐘獎「教科文節目主持人獎」等。著有《孫維新談天》等書。

從 astrology 到 astronomy（上）

文・孫維新

我在大學開設的通識課程「認識星空」中有一堂課叫做「從占星術到天文學」，占星術的英文是 astrology，天文學的英文是 astronomy，不論你信不信，大約有一半以上的美國人分不清楚這兩個字的差別！儘管在我們科學工作者眼中，占星術是一門「偽科學」（pseudoscience），但在現代社會裡它仍然扮演著令人不可忽視的角色。不單是年輕人對占星算命趨之若鶩，就連世界各地的政治領袖在做重大決定之時，也不免受到占星術影響。從西洋傳入的占星術，在臺灣有廣大的市場和影響力，而自古老中國流傳下來的命面手相、紫微斗數、卜卦摸骨、氣功靈療等占卜學問，也都深遠地影響著臺灣社會的各個層面。

從「敬天」到「順天」

占星術起源於三千年前的兩河流域美索不達米亞平原，最早是用來預測國王與國家的命運。到了西元兩百至三百年左右，占星術由巴比倫傳入希臘，希臘人把它刪減增補、發揚光大，就成為我們今天所熟知的占星術。它不再單純地為國王和國家服務，反而成為一般平民使用出生時間來預測自己性格及命運的一種媒介，自此以後，占星術即向世界各地傳布，所到之處，莫不廣受歡迎。

從天文星象看命理是很古老的傳統，這是人從「敬天」到「順天」的過程。人類敬畏天象，乃因天象對人的生活影響很大，所以就想辦法觀察日月星辰運行的法則，因此敬天；而從敬天隨後發展出來的「從天象預測國家興衰和個人命運」，就有點走向偏頗了。占星不同於觀察大氣的變化，「月暈而風，礎潤而雨」是有科學根據的，但若要從星星的分布來看地上人們的命運，就有點讓人摸不著頭腦了。

記得一位科普書作者曾經打過一個比方：若有人將未來的命運取決於此刻在全球天上飛的波音七四七所排列的形狀，許多人一定會笑說這是很荒唐的；但實際上，銀河系星體運動的速度絕不下於波音七四七，因為太陽繞銀河系中心運動的時速大約是一百萬公里。我們現在看到的星星（包括構成夜空星座的恆星），全都是我們銀河系裡的恆星，它們相對於地球的運動速度都非常快，但因其距離地球太遠，使得它們於一段時間內移動的距離在我們看來微不足道，所以構成的星座圖案在幾千年內不會有太明顯的變化，但只要將時間拉長到未來幾萬年，這些星座的形狀絕對不會是我們現今看到的模樣。

更糟的是，這些恆星彼此間是沒有關連的，例如北斗七星的每一顆恆星和我們的距離都不一樣；若從宇宙的另一個角度望去，它絕對不是如我們現在所見的樣子。因此，只因為這些恆星於短暫幾千年的時間在天上所呈現的形態，就牽強附會地把這些絲毫沒有關係的恆星想像成擬人化或動物化的形象，這些形象本身已經令人匪夷所思了，再把從這些形象引申出的特性加諸在人身上，實在令人無法理解其中的邏輯。

占星術的盲點

那麼占星術究竟奠基於何種「道理」、又是如何「應用」到命盤解析與運勢預測的呢？利用一個人出生的那一刻太陽、月亮及各行星在天空中的位置，建構出一幅「天宮圖」（horoscope），然後再依據此圖解釋此人的個性及命運，甚至預測每日運氣，這就是占星術。一般而言，占星術先把人們的出生日期用黃道十二宮的星座來區分，由三月二十二日春分點開始，是白羊座，一個月之後是金牛座，然後以此類推，每個星座所占的時間都是由這個月的二十二日到下個月的二十一日。如果說某人是雙子座的，意思是指他／她出生的時間在五月二十二日至六月二十一日之間，在這段時間裡，太陽在天上的位置是在黃道帶

（zodiac）上的雙子座，因此一個人在占星術上是什麼「座」，就是由出生時太陽在黃道帶上的視位置（apparent position）來決定的。

除了太陽的位置之外，月亮和各行星在此人出生時的位置也納入考量，因此整個天宮圖看來複雜得多，好像也很「科學」似的。然而按照出生時間所決定的天宮圖，在科學上到底有沒有意義？我們接下來試著用邏輯推導占星術的幾個盲點。

首先，因為劃分成十二個星座，所以全球人口的十二分之一、約莫五億人左右，應該有著類似的性格，想來令人不太能相信。其次是一個比較根本的問題：為何選擇出生的時間做一切預測的根本？尤其在醫學十分發達的今日，出生的時間幾乎可以隨心所欲，從而使得出生時間不再是唯一的標準，相形之下，「受胎時間」反而來得絕對的多！

另一個問題是，為何不同流派的占星學家彼此意見常常相左？科學最重要的特質，就是在同樣的條件設定下可以得到同樣的結果，也就是說我們可以預測科學實驗所得出的答案；但不同流派的占星學家對同一個人的預測卻常有天壤之別，我們從每年歲末時節的報紙就可以看出端倪。到了年終歲尾，報上總會刊出所謂世界十大預言家對明年的世界局勢、各國領袖的命運等預測，但有時針對同一個人卻會有截然不同的預測，這就讓人無所適從了。

另一個更嚴重的問題是行星發現的年代，人們肉眼可見的行星僅有金星、木星、水星、火星、土星五個，但太陽系中除地球外另有天王星、海王星、冥王星三個行星。可是我們知道，天王星是在一七八一年由原籍德國的英國天文學家赫歇爾發現的，海王星是在一八四六年由英國人亞當斯及法國人萊威利埃各自發現；而冥王星更要到一九三〇年才由美國天文學家湯博發現①。而在這些年代之前，天宮圖上根本就沒有這些行星存在（當然目前的天宮圖都已把這三顆行星包含在內了），如此一來，過去的天宮圖到底準不準？在過去的年代裡，不知道有遙遠的外行星存在，未把它們納入天宮圖一起考量，但這些行星終究是存在的，按占星的理論而言必定會造成影響。因此過去的天宮圖照理說應該是不準確才是，然而現在的天宮圖就準確了嗎？不見得！萬一哪一天發現了第十顆行星怎麼辦？那時的「天宮圖」是否又要改寫？

同樣的，行星的衛星也會造成困擾。天宮圖裡並沒有把各行星的衛星列入，但事實上，有幾個行星的衛星其體積遠超過太陽系裡較小的行星。舉例而言，水星的直徑約四千八百八十公里，但木星的衛星木衛三（Ganymede，甘尼米德）是五千兩百八十公里，土星的衛星土衛六（Titan，泰坦）是五千一百五十公里，都遠較水星來的大，即使是木星的另一顆較小衛星木衛四（Callisto，卡利斯多），也有四千八百一十公里，和水星一般大小。像這些超過行星大小的巨大衛星，在占星術裡卻沒有任何地位，想來不甚合理。

謎樣的冥王星

行星繞著太陽轉，而衛星繞著各行星轉，如果說因為地位不同，所以只把行星納入考量，衛星則否，那又衍生出一個新的問題，就是太陽系外緣冥王星的出身之謎。

冥王星體積非常小，直徑只有兩千三百公里，是地球直徑的百分之十八，質量更輕，僅是地球的千分之二。在太陽系外緣的行星中，冥王星和其他巨大的類木行星（包括木星、土星、天王星、海王星）擺在一起實在很不稱頭。同時冥王星的軌道平面也很奇怪，它不像其他行星軌道接近正圓，而是一個軌道偏心率②為〇．二五的狹長橢圓。不單如此，這個橢圓軌道還有部分與海王星的軌道相交，也因此在冥王星公轉一周兩百四十八年的時間裡，大約有四十多年是在海王星軌道之內，也就是說在這四十年中，冥王星離太陽比較近，海王星反而是太陽系裡最遠的行星。

也就因為如此奇怪的軌道現象，讓天文學家不禁推想，冥王星早年可能不是繞太陽公轉的行星，而是一顆繞著海王星轉的衛星：在一次外來天體擦掠海王星近旁的事件中，被外來天體的引力扯離了原來的軌道，進入繞太陽的軌道運行，成為太陽系第九顆行星。這個早年普遍為大眾所接受的理論似乎有觀測證據支持：海王星目前有兩顆較大的衛星——海衛一（Triton，崔頓）及海衛二（Nereid，納瑞德），它倆的軌道都很奇怪，納瑞德繞行在一個極端狹長的大橢圓軌道上，而崔頓更奇妙，它根本在逆向公轉，運行的方向和其他太陽系天體公轉的方式都相反！這兩顆衛星的反常表現，使前人相信，海王星的周邊環境在太陽系早年的確受過劇烈的擾動，也因此間接地支持冥王星是來自海王星周邊的說法。

但是近年來天文學家對冥王星的起源有了一個全新的看法：冥王星可能是海王星軌道以外、萬千彗核聚集的「古柏帶」③中最大的一顆罷了！果真如此，那麼冥王星本質上不過是一顆彗核或小行星而已，但在占星術上卻扮演重要的角色，這的確有點說不過去。

再來的問題是，這些天體對人類性格、命運的「影響」，是靠什麼東西來傳遞？若是已知力的話，就是我們知道的電磁力、重力、強作用力和弱作用力，但強作用力和弱作用力是沒有辦法擴及遠距離的，只有重力和電磁力才能達到；如果靠的是已知力的話，天體的重力和重力產生的潮汐力無疑會扮演很重要的角色。但天體的潮汐力和重力對初生嬰兒的影響極其微弱，舉例來說，接生的婦產科醫生對嬰兒的重力影響是火星的幾十倍，至於受距離影響更厲害的潮汐力，則更差上幾千萬倍。因此，若以已知力的形式來看，初生嬰兒周遭的人們及物體對嬰兒的影響，遠超過遙遠空間中的行星。

若說到與距離無關，則不止太陽系的行星而已，整個銀河系有兩千億顆恆星，其中伴隨有行星的恆星無以數計，更不用說以目前觀測到的宇宙星系分布，讓我們推知宇宙中至少存有五百億到一千億個星系，每個星系裡又有約千億顆星體，然而它們的影響在占星術裡卻毫無重要性，也是另一不解之處。

——摘錄自《孫維新談天》二〇〇二年八月天下文化出版

【注釋】

①赫歇爾（William Herschel, 1738-1822）；亞當斯（John Couch Adams, 1819-1892）；萊威利埃（Urbain-Jean-Joseph Le Verrier, 1811-1877）；湯博（Clyde William Tombaugh, 1906-1997）。

②軌道偏心率（eccentricity），橢圓軌道伸長的量度，乃橢圓兩焦點的距離除以長軸長度。

③古柏帶（Kuiper Belt）是指在太陽系海王星以外的太空深處，可能含有大量太陽系形成初期殘餘下來的固態物質，這片由彗核所組成的帶狀結構，目前稱為古柏帶。

説服式
説明文

從 astrology 到 astronomy（下） 孫維新

作者介紹

現任國立自然科學博物館館長。曾經榮獲中央大學理學院優良教師獎、國科會研究甲種獎與國科會指導大專生研究獎。曾親自製作、主持「航向宇宙深處」系列節目，獲得 1994 年金帶獎、1995 年李國鼎科技節目獎、2000 年金鐘獎「教科文節目主持人獎」等。著有《孫維新談天》等書。

從astrology到astronomy（下）

文·孫維新

心理因素作祟

了解自己的性格甚至潛在的意識是很迷人的，這便是為什麼老老少少都對占星術趨之若鶩了。但是，假使一個人熱情如火、或冷若冰霜是因為他出生在某一個月份的結果，那麼就像我之前所提到的，全球六十億人口就可以簡簡單單分成十二種個性了。

另外還有一種比較傾向心理學層面的解釋，說明人們之所以認同星座其實是一種「正面加乘」的效應。好比說有一個人是獅子座的，而獅子座在星座上的解釋是果敢、積極進取，那麼當他碰到困難時就會告訴自己「我是獅子座的，我應該積極進取」，如此這個星座的特質就變成他潛意識裡的暗示。曾有心理學家調查過這種效應，發現一旦這樣的獅子座老兄真的積極進取、不巧又成功了，他便會更加相信自己具備獅子座的特質，但這樣的過程其實屬於心理治療的層面，跟星座本身沒有太大的關係。

剛剛的例子很像到賭場裡觀察吃角子老虎，我們發現耳朵聽到的都是吃角子老虎吐硬幣的聲音，匡啷匡啷的。但問題是，如果賭場裡有兩、三百臺吃角子老虎，而其中只有五臺、十臺有硬幣往下掉，結果吐錢的機器聲音很響，被吃錢的機器不會發出任何聲音，這就有誤導作用，因為你只聽見賭客贏錢！為了公平起見，我覺得每臺吃角子老虎都應該加裝一個蜂鳴器，只要一輸錢就會發出「嗚嗚」的聲響，但這樣的話根本就不會有人去賭了，因此「正面加乘」只是一種潛意識上的暗示，人常會受到這樣的暗示而不自知。

披著科學外衣虛張聲勢

前面提到了運勢預測，大家一定都聽過「每日運勢」吧，我覺得這更好笑了。我在通識課裡講「從占星術到天文學」，其中有一項課後作業是要學生寫出從小到大自己所接觸或聽聞過的超自然現象，結果交回來的作業中有一半是寫鬼故事或靈異事件，害得我改完作業都睡不著覺。但其中有一位學生寫得很有意思，她說以前覺得占星術很好玩，會花時間去看、去了解，後來她的一位同學暑假去打工，工作竟然是到所謂的星座網站去寫每個星座的每日運勢！我這個可愛的學生心想，我的天哪，我們每天深信不疑的星座運勢，原來竟是這 **part-time** 工讀生坐在那裡給掰出來的，讓她完全喪失了對星座原有的一絲熱情與信心。

至於所謂的火象星座、水象星座等，本身就是拿一些科學名詞所變化出的一大堆職業術語，讓別人因為聽不懂而產生敬畏之心。以前在美國念書的時候，我曾看過一個脫口秀節目，其中製作單位請來的一位女性占星學家說「宇宙最後會毀滅在一個大黑洞裡」，現場觀眾聽得如癡如狂，當時我就在想，自己的博士論文研究的是黑洞，我怎麼不知道有這樣的事兒！這些把磁場、黑洞、能量等科學名詞做為裝飾的外衣、聽起來比較有深度的言論，一旦面臨檢驗，把這些裝飾性的科學名詞抽掉的話，這些話根本就是鬼扯！科學名詞都有一定的嚴格涵義，亂用的結果便成了你隨口一句磁場共振、他脫口而出黑洞能量的，實在讓人哭笑不得。

我的本意並不是要一竿子打翻所有未知的事物，也不是完全否定這些超自然現象、認為它們都是鬼扯，因為科學發展仍有局限，我們對許多領域的所知也有限，所以重要的是要保持寬廣的視野。可惜的是，已經可以用物理和實驗解釋的現象，有些人卻是什麼也看不見，硬是要相信一些怪力亂神的「理論」。

今日的科學，明日的迷信

在過去數十年間，有許多科學家花了不少工夫對占星術的預測做統計上的分析研究，結果發現在許多次試驗中，占星術預測成功的機率和隨意猜測的機率根本差不多，也因此就科學角度來看，占星術終究只能以偽科學的形式存在。

儘管我們現在把占星術和星座命理當做匪夷所思的偽科學，但我們不可一筆抹煞它對現代天文發展的貢獻。早年先民為占星所做的許多觀測（尤其是對行星位置的觀測），使得一部分對追求真理有興趣的人從這些現象的背後慢慢找出天體運行的道理來，促成今天從歐洲萌芽的現代天文學的發展，因此占星術對現代天文學的發展確實提供了一定程度的幫助。

然而，如果時代到了二十一世紀，仍然相信太陽走到哪一個背景星座，會對那個時候出生的人有什麼樣的影響，實在不可思議，更何況因為地球歲差④的關係，三千年前的巴比倫人所看到的太陽星座位置，和現在根本差了一個星座！但這不是重點，因為研究星座命理的人會說「那我們把它調整一個星座不就得了」，然而這樣並不能解決占星術相對於科學矛盾的根本問題，我們仍要知曉「科學」和「迷信」的分野究竟在何處。

人類文明至此，尚有很多現象是我們所不知道的，可是如果能從一個宏觀的角度來看科學發展的過程，我們會發現像日食、月食、流星雨、彗星這些特殊天象，以前曾經給地上的先民帶來多大的困擾、驚恐和畏懼，但現在日食、月食、流星雨都已經成為天象美景，能夠按照科學家推測的時間準確地發生，日食和月食預測準確的程度甚至可以用來對時。原來以為天地驟轉的變態，到了現代已經變成我們可以帶著喜悅心情去欣賞的常態，這個常態成為了驗證日月星辰運行規律的天象。

正是因為科學的發展，讓我們認識了更多的道理，許多現象就變成了我們所能領悟和掌握的，不再令我們害怕。同樣的，今日我們所見的一些令人驚悚畏懼的「超自然」景象，很可能只礙於我們所知有限而無法合理解釋，但隨著科學的發展，很多今日看起來不可解的現象，往後或許會逐漸變得簡單明瞭。今日我們回過頭去看那些曾經被日食和月食嚇壞的先民，覺得他們可笑，但或許往後我們的子孫回頭看我們喜歡占星、崇尚幽浮與外星人的種種「事蹟」時，會笑我們是傻瓜呢！一旦了解這個道理後，很多事情就無需多費唇舌了。

——摘錄自《孫維新談天》二〇〇二年八月天下文化出版

【注釋】

④歲差（precession），即進動，陀螺之類的旋轉物體，其自轉軸的方向發生的緩慢週期變化。

說

柯老師的私房閱讀祕笈

作者試圖說明（也是說服讀者）占星術是一門「偽科學」，但作者也提到不可一筆抹煞占星術對現代天文發展的貢獻，因為今日的科學極可能變成明日的迷信，就如占星術一般。本文「長相」有相當清楚的體例，就是以關鍵詞標出文章的重點。

閱讀目標

① 找出代表重要性的關鍵詞，如首先、更嚴重的問題等。

② 依關鍵詞，找出全文重點。

方法

① 本文有小標題，我們就以小標題分段。

第一段引言，瀏覽一下。

第二段從「敬天」到「順天」，請畫出或寫出主題句。例如：

這些恆星彼此間是沒有關連的，例如北斗七星的每一顆恆星和我們的距離都不一樣；若從宇宙的另一個角度望去，它絕對不是如我們現在所見的樣子。因此，只因為這些恆星於短暫幾千年的時間在天上所呈現的形態，就牽強附會地把這些絲毫沒有關係的恆星想像成擬人化或動物化的形象，這些形象本身已經令人匪夷所思了，再把從這些形象引申出的特性加諸在人身上，實

② 在令人無法理解其中的邏輯。

占星術的盲點。請找到「占星術的盲點」這段，然後很快掃瞄一下，找出其中幾個小段的段首，一共有五個問題（如下），再找出每個問題的主題句。

首先，

另一個問題是，

另一個更嚴重的問題是，

同樣的，

再來的問題是，

③ 最後三段「心理因素作祟」、「披著科學外衣虛張聲勢」、「今日的科學，明日的迷信」，可以當作為什麼占星術會被接受的原因，也是結語。

讀後回應

1. 作者說占星術是一門「偽科學」，但也說「我們不可一筆抹煞它對現代天文發展的貢獻」，請提出占星術由昨日的科學變今日的迷信的緣由。

2. 你相信（這是態度）算命、看占星嗎？你會（這是行為）算命、看占星嗎？讀完本文，你的態度有沒有改變？你的行為會不會改變？

演講稿

性別與科學：STS 的性別觀點（上） 傅大為

作者介紹

美國哥倫比亞大學科學史與科學哲學博士。現任陽明大學科技與社會研究所教授兼人社院院長、清華大學歷史所教授。著作有《知識與權力的空間》、《異時空裡的知識追逐：科學史與科學哲學論文集》、《亞細亞的新身體：性別、醫療與近代臺灣》等。

性別與科學：STS的性別觀點（上）

文・傅大為

首先，我先對「性別與科學」這個題目做個介紹，一開始大家對這個題目可能還不是很清楚。在座的各位，可能都有聽過這樣的觀點，認為科學的視野是一個很民主的視野，而且科技研究是不分種族、性別、膚色、年齡的，雖然年輕人可能對科學的吸收會快一點，但並不表示年老的人就不能對科學做出貢獻。在我們受教育的過程中，科技研究本身被說成只要有一些思維、對大自然可以做觀察的人類，都可以做科學。更重要的一點，跟我們今天題目相關的是科學是不分男女的。在二十一世紀的想法中，科學是不分性別的，我們也很高興能看到有女性教授在理工科的研究中做出非常好的研究。但諾貝爾獎得主如果是女性得到，我們卻會覺得非常稀奇，可是為什麼男性得諾貝爾獎就不會被人家覺得訝異，這種想法是不是有點奇怪，一方面是說，科技研究是不分性別的，可是另一方面，我們又有意無意的覺得，在科技研究裡，要是有女性，就會覺得很稀奇，而且要是她研究做得好的話，我們會覺得更稀奇。就是這麼一種矛盾的情況，我們今天要談的也就是從這種矛盾出發。

性別與科學的議題，大約是從一九七〇年代西方女性主義研究者開始的，她們本身對科學都有相當強的背景，而且對這方面的議題做了許多研究。十七世紀是個科學革命的時代，很多科學基礎都根源自這個時代。如果我們講近代科學，一個很重要的起源是在十七世紀。一九七〇年代這些女性主義研究者在研究這些科學時，一開始把注意力也放在十七世紀，如果說近代科學有性別上的偏見，有不平衡的狀態，那根源也可能來自十七世紀，在近代科學發源的時候就有這個問題存在了。所以性別與科學這樣的題材，在一開始做研究的時候，就針對十七世紀的科學界做研究。

一、十七世紀科學革命裡的性別象徵

培根是十七世紀英國著名的法學家與科學家，他說英國已經走向一個新時代，研究科學要摒除過去中世紀受到亞里斯多德學說的影響，以及思考如何排除那些舊時代的學說，如何做一個新時代的研究。我們今天知道的科學英雄，如牛頓、波義耳等，都受到培根非常大的影響；問題是，當時培根要怎麼鼓勵年輕人學科學？不像現在，我們覺得科學是一個非常閃亮的、代表未來的東西，而且學科學以後容易找工作，所以我們學科學一點也不稀奇。但是在十七世紀，科學在當時的大學裡面，不是個非常重要的學說，當時比較重視的是醫學、神學、法學等，科學還不如現在重要，而且現今的工程科學，在十七世紀時根本沒有。

所以在當時，培根要如何鼓勵年輕學生來學科學呢？這就像現在的教授要如何鼓勵學生學習他沒接觸過的東西。培根當時的鼓勵具有相當的影響力，而且影響到科學之後的發展。培根當時想到一個方法，當時對科學比較有興趣的女性非常之少，而且在十七世紀時，女性在歐洲是受壓抑的，無論在教育，在各方面的機會都非常非常少。所以培根那時使用的方式，是引用性別的隱喻，來鼓勵年輕的男性來做研究。主要有兩種方式，一是說，「自然」（nature）是女性，而我們研究科學的是男性，然後說女性是非常飄忽不定的，來訴諸當時社會對女性的刻板印象。所以男性科學家要去捕捉飄忽不定的特質。捕捉之後呢？要逼使她講出她的祕密，去揭開她的祕密，而在揭開祕密的時候，男性會因此獲得一些滿足。所以培根當時是應用這種隱喻（metaphor）來鼓勵男性們去做科技研究。

怎麼逼迫自然講出她的祕密呢？還有更進一步的手段，這個手段根源於十七世紀初一種對於女性的迫害，透過法官、宗教，以及許許多多科學家，對於鄉村裡一些年紀大的女性的迫害，這就是「獵捕女巫」。從今天很多法律史文件中可以看到歐洲許多國家的法庭紀錄，在美國的新英格蘭，也都可以找到很多這樣的紀錄。事實上，培根也參加過這樣的活動，他是當時英國法學界一位主要的人物。培根所服侍的國王是詹姆士二世，他也非常痛恨女巫。在當時的社會潮流中，要是你抓到一個女巫，她當然不會承認她就是女巫，所以要把她放在手術檯上，利用一些特別的手段，譬如說用針刺，把她的手拉緊，把她丟到水裡面等等酷刑，逼她講出內心的祕密。培根覺得這種手段滿有用的，所以就鼓勵當時的學生，要研究自然，就是要把她放到手術檯上，然後經由一些實驗的操控、而不是普通人可以用肉眼觀察到的方式，來逼迫她自然地講出祕密。

譬如，十七世紀末著名的化學家波義耳，他晚期的實驗幾乎都是在真空的環境下操作，從今天來看，就猶如在加速器內實驗一般，那是一種操弄的、不自然的狀態，不像當初亞里斯多德說的，我們觀察自然就是要用我們的眼睛，「自自然然」的做觀察。從十七世紀以來，科學家們就開始發展很多奇怪的儀器，譬如望遠鏡，而且望遠鏡所觀察到的東西，也開始被認為是我們所觀察到的科學證據。這些東西，在西方古代都認為是不自然的東西。

培根當時利用拷問女巫這種特殊方式、操控之下的手段，來鼓勵學生做這方面的研究。培根在這方面推動的成果，使得在十七世紀後半期的科學家，如牛頓等，都非常地尊敬培根，可見培根的一些看法，在當時具有非常大的影響力。當女性主義者研究性別與科學時，她們去檢視近代科學的源頭，才發現當時由於很多的社會因素，科學家幾乎都是男性，而且培根所使用的方式，在許多方面，事實上是在鼓勵男性用一種特殊的檢驗方法去對待「女性的自然」。這些活動，直到今天，多多少少都還被認為是種很正常的行為。

二、自然裡的性別隱喻，女性的知識傳統

從事性別與科技研究的學者發現，自然（Nature）這個字，其實在中世紀代表的是一個中性的名詞，而且是具有神性的，往往第一個N會大寫。可是Nature這個字到了十六、十七世紀的時候，變成了小寫，它的神性被剝奪了，而且在名詞上變成女性的名詞。如果各位有機會到法國去，巴黎一個很有名的醫學院裡，有一尊在十七世紀時用來鼓勵科學家好好做研究的雕像，那是位裸體的女性，被一大塊布包著，那個裸體女性代表的就是自然，而男性科學家研究自然，要做的就是把那塊布揭掉，讓自然的祕密能最真實的顯露出來。那尊雕像，也象徵著自十七世紀以來，男性科學家們要如何自我認同。身為一位男性科學家，你跟女性自然的關係是什麼？自然的意義又是什麼？在那個時候，自然就是一個這樣的形象。

十七世紀開始的時候，性別的隱喻曾經扮演很重要的角色，用來觸發、鼓勵了近代科學的發展。近代科學在它的根源裡，事實上就帶有相當的性別隱喻，當然也包含了特別是性別的偏見在裡面。事實上，雖然說近代科學家都是男性，但從西方的中世紀到文藝復興這段期

間，並不盡然如此。在西方的傳統，有一些知識的傳遞，一開始都是由女性來進行。譬如說生育的傳統，是由年長而有經驗的產婆形成一個圈子，來幫產婦接生，過程中所發生的許多問題，也是經由這個圈子來解決。這個圈子在西方有個特定的名詞，叫gossip，這是代表女性擁有生育方面知識的一個圈子。這個傳統，直到近代醫學開始發展，由男性主導的婦產科出現之後，才取代了女性生育傳統。gossip不再代表女性知識圈子，而成為女性聊天與傳遞小道消息的圈子，因為關於它知識的那部分，已在近代醫學發展的過程中被剝奪了。

另外剛剛提到的女巫，她們其實也擁有一些草藥的知識，及一些宗教神靈上的知識，而這些東西也在十六、十七世紀時被剝奪殆盡。因此許多女性的知識在近代科學的發展中，事實上是逐漸地被推到邊緣，然後被剝除掉。或許同學們會覺得這沒什麼大不了，因為那些傳統知識可能是一些落伍的知識，而在近代科學的進步發展下，那些落伍的知識被排除掉是理所當然的。但像女性在生育方面的知識，不見得就是落伍，特別是與今日的婦產科學來比較，有許多孕婦都是用剖腹生產的方式來分娩，這其實讓女性身體非常不適應，不見得就最好。

如果我們從西方近代歷史的發展來看，當傳統的女性知識凋零，事實上也就是男性知識圈完全建立時代，同時也開始了女性被男性排斥在知識圈外的歷史。我們知道在大學逐漸興起的時候，女性是被排除在大學外的，直到十九世紀末，經過許許多多的努力，女性才得以進入大學受教育，所以在今日的科學中，男性已經先走了兩百年。在這種情況下，雖然近代大學教育男女平等，例如今日的聯考制度，但是在歷史的傳統、經驗及文化的傳承上，男性所具有的優勢遠大於女性。由於有這種「科學是男性」的歷史傳統，所以女性要進入科學這個領域，其實非常困難。即使是以相同的分數進入理工科或醫學的領域，還是會有一些莫名的阻力跟奇怪的偏見。所以今天女性要在工程、科學研究方面出人頭地，她所費的功夫，往往比一個得到相同成就的男性，需要付出更大的心力。

——摘錄自《回答科學是什麼的三個答案》二〇〇九年四月群學出版

演講稿

性別與科學：STS 的性別觀點（下）傅大為

作者介紹

美國哥倫比亞大學科學史與科學哲學博士。現任陽明大學科技與社會研究所教授兼人社院院長、清華大學歷史所教授。著作有《知識與權力的空間》、《異時空裡的知識追逐：科學史與科學哲學論文集》、《亞細亞的新身體：性別、醫療與近代臺灣》等。

性別與科學：STS的性別觀點（下）

文・傅大為

三、歷史中的 computers 是男是女？

我們下面要談的是性別與「計算／電腦」（computer）之間的關係，我們從 computer 的一些現象，可以談點科學與性別的社會層面問題。

從十七世紀近代科學發展以來，女性就被排拒在門外，那女性要如何進入科學界？一直到今天，我們仍有一個觀念，就是女生不喜歡做數字計算。如果你們去查 computer 這個字，從十九世紀後半期到二十世紀前半期，computer 這個字指的是「計算小姐」，雖然不是所有從事計算的都是女性，但當時大部分從事計算工作的，幾乎都是女性，這跟我們現在的印象是有點不同。特別是在二十世紀上半期，從事計算工作的人員，尤其是很繁複、很複雜的計算工作，譬如說科學家把方程式，以及要如何計算的程序都先寫好，然後會有非常多的資料需要大量重複的計算，需要花很多時間，這時就由很想進入科學界的女性來進行這些計算；所以在當時，就出現了 computer 這個字，是由許許多多的女性所從事的工作。

十九世紀後期，女性已經開始進入大學接受大學教育，而且開始有理工方面的女性進入社會，這時這些畢業的女性要怎麼辦呢？總不能叫她們受了大學教育之後，回去做家庭主婦吧！這是浪費人才，所以在十九世紀末的美國，就在大學旁設立學院，專收女生，而且由女教授擔任教職，擔任一個典範，而訓練出來的學生，畢業後則從事計算的工作。二十世紀初，在美國有一些大型的天文望遠鏡出現，這時為了把整個星圖更準確的畫出來，需要就角度等各方面進行繁複而長期的計算，這些工作就是由這群女性 computer 來做的。

二次世界大戰時，製造出非常可怕的殺人武器——原子彈，美國原子彈發明之後沒多久，蘇聯也有了，而且進行試爆，這讓美國覺得非常緊張，促使了美國一些科學家發展氫彈。但是氫彈比原子彈複雜許多，而且氫彈爆炸的結果很難預料。在原子彈試爆之前，有些科學家就擔心原子彈爆炸後是否會使空氣中的原子產生變化，而導致不可挽救的結果，但後來發現並不會。到了發展氫彈的時候，就有一些要求，需要進行事先的模擬，要模擬爆炸的範圍、程度及過程等等。要模擬的話，有很多東西要進行計算，但在進行計算時，由於氫彈是高度機密，所以不能由普通的計算小姐來做。要進行精密、複雜的計算，而且計算本身又涉及高度的機密，在這種條件之下，要怎麼做呢？

當時很自然的，就先想到科學家的太太們，所以如果把當時參與計算的名單列出來，會發現都是一些科學家的太太。但是那些科學家的太太也不是那麼多，所以如果要由這些太太來將氫彈的計算全部完成的話，大約要花二一一·二年（這是促成數位計算機誕生的重要歷史數字），才能把氫彈的計算完成，在這樣的壓力之下，無可奈何的男性科學家才促使數位化計算機發明出來。

一開始電腦製造出來的時候，非常的大，線路很複雜，不像現在的個人電腦、筆記型電腦這麼小，而且處理資料的速度並不快。所以一開始電腦的操作也有一些女性的電腦科學家，要特別注意的是，在一開始研究電腦的時候，人數非常的少，而在這少數人當中，女性科學家的比例是非常大的。現在我們所用的程式語言中，其中有很多高階語言都是由女性發明的。但是到了現在，電腦已經變成一個非常大的產業，女性的比例反而大幅縮小了，這在科學與性別的研究中是蠻具性別歧視的現象。當電腦發明出來之後，很多女性的computer就不再被需要了，電腦越來越多，功能越來越大，這些複雜的計算就不再需要女性computer了。在這種情況下，女性開始進入其他領域，譬如在一九六〇年代，美國開始發展高能物理理論，利用加速器使高能粒子之間產生碰撞，這會產生非常多的資料，而當時分析那些資料需要非常仔細的幾何分析，這種分析在當時幾乎都是由女性進行，這等於是另外一種計算小姐。

四、從科學教育到進入科學界：女性的故事

當女性開始進入科學事業的時候，我們可以發現，一開始是從比較低階的工作開始，而且每個工作並不一定會讓妳長久的做下去。當妳碰到瓶頸時，這份工作可能就會被機械化，例如computer就是個最好的例子。這時候女性就要開始另找出路，而且也只有一些傑出的女性，才能在男性的兩百多年的歷史傳統的科學事業裡，慢慢上升。在十九世紀後期，就有女子學院出現，而在二十世紀初，有女性博士出現，可是到最後能真正嶄露頭角的，也是非常的慢、非常的少。

對於computer這個職業，你也可以這麼想，這是女性第一代科學家進入科學界的第一個職業。這個職業，雖然在結構上是個比較低層次的工作，但對第一代女性科學家來講，還好有這個職位，如果連這個職位都沒有，那妳讀完大學之後，要怎樣繼續發展？當然這不能說是個非常好的職業，因為這個職業的發展性非常小，只重複一些繁複的計算事實上對一個真正科學家的發展是不利的，而且被取代性很高，所以它在當時有好也有壞。

當女性科學家逐漸多起來的時候，二十世紀的生物科學也是女性科學家人數佔比較多的

行業。二十世紀上半期，生物科技在很短的時間內膨脹得很快，當時很多男性科學家主要是在物理學、化學等方面發展；整個教育機制沒有預料到生物科學會有這樣的發展，所以男性科學家沒辦法獨佔這整個領域。而且女性當初在進入科學領域的時候，往往被鼓勵要讀植物學、動物學、遺傳學等，因為讀這些東西，理論上比較符合社會對於女性喜愛花草動物的期望與看法。所以當二十世紀初生物科學大量膨脹的時候，變成女性一個主要的領域。這也是在特殊的歷史時機裡才有可能。

十九世紀末，女性開始爭取大學教育及投票的權利。雖然即使如英國等民主國家，女性在十九世紀前依然不具投票權，甚至當時有名的醫生還會以女性必須生育、生理架構不同於男性為由而禁止女性投票。這在十九世紀末，都一一被突破，但事實上進入大學教育後，問題還沒有結束，即使妳是博士畢業又怎樣，妳怎麼進入科學界從事科技研究？這條路走起來可以發現，西方的科學界對於女性的發展與傳統社會文化裡對性別的偏見息息相關。

譬如說居禮夫人，她是世界上第一個拿兩個諾貝爾獎的女性，雖然她在歐洲非常有名，而且在社會大眾間也非常有名，但法國科學院不批准她的入會申請，使她沒辦法進入法國科學界的頂尖領域。她到美國募款，要進行放射的研究，當她抵達的時候，美國民間很多婦女團體、慈善團體都熱烈的歡迎她，但當她到哈佛大學的時候，哈佛的物理學家拒絕跟她握手，還是有非常強的偏見。所以這個過程是非常困難的。妳想進入科學界，就必須要有一些墊腳石、橋頭堡，如 computer、生物科學等。

雖然在進入大學的過程中，我們已經盡量做到平等，但我們不是純粹的看投票的方式來決定誰才是最頂尖的科學家，所以我們有沒有辦法從形式上的規定來發覺是否有不平等的情形發生？所謂形式上的條件，譬如說在應徵新老師的時候，如果規定只聘任男老師，這是不行的、會被告的，所以在表面的形式上我們很難發現不平等的狀況。但是雖然沒有形式上的限制，但是在文化層面上其實還是有影響的。譬如說，清華有些教授非常需要研究生幫他做研究，但是女研究生可能會因為生育的問題，必須中斷研究，這會對研究的進展造成困擾，但是你不能公開說你不收女生，或是女生在研究期間不能懷孕，所以有些教授會用私下勸說的方式來拒絕女生進研究室等等。其實這些現象很有問題，但形式上我們不會看到不收女生、研究生期間不能懷孕等等的限制，所以雖然形式上不受限制，但其實還是有很多文化的手段，照樣可以限制女性的發展。我這次就講到此，謝謝大家的參加。

——摘錄自《回答科學是什麼的三個答案》二〇〇九年四月群學出版

這是一篇演講稿（本文第二句，「在座各位」和全文最後「我這次就講到此」是一個提示），演講與文稿不同的地方在口語比較不正式，且講者可能會受聽眾影響而擴展某一個概念的篇幅。一邊閱讀本文，一邊摘要，比較容易理解全文重點。

閱讀目標

① 摘要閱讀全文

② 認識科學界中女性的發展與傳統社會文化裡對性別的偏見息息相關。

方法

① 題目中 STS 是 Science（科學），Technology（技術）和 Society（社會）三個語詞的第一個字母。作者強調 STS 觀點，表示會將第三個 S，社會的觀點納入來看性別與科學。

② 摘要全文。方法請參閱〈閱讀使你爬上巨人的肩膀〉一文的介紹。作者用社會歷史為軸來談性別與科學，因此要在社會歷史中捉住重點。

③ 以圖表達性別與科學的社會歷史脈絡。

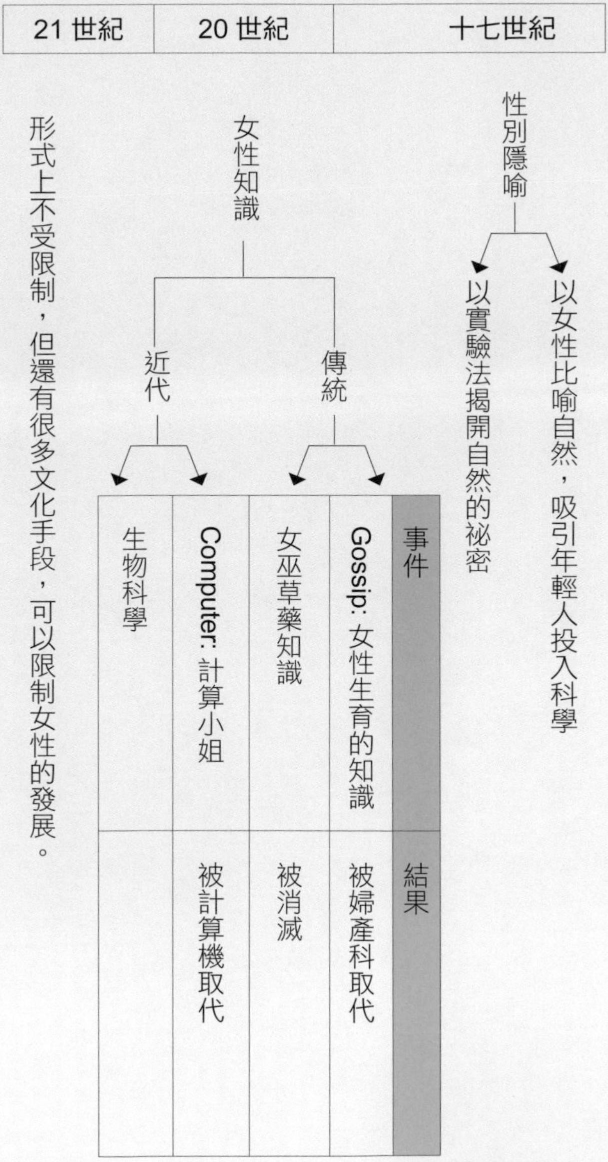

讀後回應

1. 作者在第一段提到科學和女性的矛盾情況，請說出矛盾所在。
2. 以圖摘要文的重點，對於理解全文有沒有幫助？

科普式說明文

尋找外星人　劉炯朗

作者介紹

曾任教於麻省理工學院及伊利諾大學香檳校區，並兼任伊利諾大學香檳校區助理副校長，以及國立清華大學校長，2000 年獲選為中央研究院院士。著有：《一次看懂自然科學》《一次看懂社會科學》《20 不惑——大學校長親授 33 堂生涯必修課》等。

尋找外星人

文・劉炯朗

究竟，外星人是根本不存在呢？
還是真有外星人，只不過我們沒看到？

「在太空外，有沒有外星人的存在？」應該是每個人都曾經有的疑惑。「外星人」只是個比較通俗的名詞，嚴格地說，是地球以外「有智慧能力的生命」（extra-terrestrial intelligence）。有關「外星人是否存在？」這個問題，有以下三種不同的回應。

第一個回應是，「不一定吧？假如他們真的存在，為什麼我們還沒有看到呢？」這個回應源自二十世紀鼎鼎有名的物理學家費米（Enrico Fermi）。一九五〇年，當費米和同僚談到外星人存在與否這個問題時，費米的回應是「外星人在哪裡？」（Where is everyone?）表面上費米的回應可以解釋為「我不相信外星人存在」，但從客觀的科學觀點來解釋，費米的回應是「既然你說按照科學數據的分析估計，宇宙間應該有外星人存在，而且，照今天科學和技術上的成就來估計，我們可以想像得到外星人會有來到地球探訪的能力，那麼，如何解釋為什麼我們到現在還沒有看到一個外星人呢？」這個說法就叫作「費米的兩難論」（Fermi's Paradox），意即外星人是根本不存在呢？還是真有外星人，只不過我們沒看到而已？

第二個回應是，「他們是可能存在的，我們應該想辦法去聯繫他們，跟他們交換訊息」。一九五九年，兩位天文物理學家科可尼（Giuseppe Cocconi）和莫里森（Philip Morrison），提出「外星人存在」的可能的想法，並具體建議了偵測外星人發出的訊號的做法。

第三個回應是，「宇宙這麼大，歷史這麼悠久，按照若干數據的分析估計，外星人、外星文明應該存在」。這個想法的基本論點可以用一個例子來說明，假如我們讓一大群、很大很大一群猴子在電腦上敲敲打打，總有隻猴子會敲出一套莎士比亞全集，還有一隻猴子會敲出一套唐詩三百首。宇宙的歷史大概是一百四十億年，光是銀河系就有差不多二千億顆恆星，宇宙有一千億座以上的星系，這些都是龐大得難以想像的數字。一九六一年，美國有位天文學家德瑞克（Frank Drake）提出一個方程式，用來估計銀河裡外星文明的數字，就是有名的「德瑞克方程式」（Drake Equation）。

回答費米的兩難論

接著，我將逐一討論這三個觀點。其實，當我們問：「外星人是否存在？」時，有人會反問：「管他們是否存在？我才不在乎。」這是消極的看法，我後面的討論裡會談到，「即使他們存在，我們要不要跟他們來往」的一些顧慮。讓我先從費米的兩難論談起。

要回答費米的兩難論，我們有兩個解套的可能：一是找出足夠理由論證，說明外星人是不可能存在的。其二則是相信外星人是存在的，一個可能是，或許他們留下痕跡，我們沒有看到，或許看到了，卻不願意承認這是外星人留下來的痕跡；另一個可能是，他們還沒有和我們聯絡上。讓我們一一來細看，為什麼外星人不可能存在？

一個解釋是，人類是宇宙中最原始的生命，得等人類逐漸演進後，別的星球上才會有外星人出現。但是，單在銀河系裡，就有許多遠比太陽更老的恆星，這些恆星在一百萬年前已經存在，那麼他們技術和文明的發展，應該比我們早了一百萬年。

還有一個解釋是，地球可能是唯一或者非常少數的地方，有適當的環境讓生命孕育進化。太陽和地球間天體運行的關係，地球和月亮間的潮汐，水和其他化學元素的存在，都相當獨特，具有讓生命孕育進化的條件。

另外一個解釋是，智慧、語言、科學和技術的發展，不一定是生命孕育進化中的必然現象。因此，人類也許是唯一循著目前文明發展的軌跡走過來的有智慧能力的生物。不過，當我們在下一章討論德瑞克方程式時，德瑞克會說這些理由並不充分。

費米兩難論的另一個解套的可能是，外星人是存在的，只不過我們看不到他們的痕跡，或者是我們看到而不願意接受這是外星人留下來的。自古以來，人類都在天空看到來路不明的飛行物體，簡稱為 UFO（Unidentified Flying Object）。《舊約聖經》以西結書的第一章裡，描寫以西結聽到上帝的話，看到一朵周圍有光輝的雲，其中有一臺由四個輪子和四個動物支撐的車子。中國宋代科學家暨政治家沈括在他寫的《夢溪筆談》二十一卷裡，描寫在揚州地方，看到天上一個有半張床那麼大的外殼，打開後，裡面有一顆珠，「殼中白光如銀……爛然不可正視……其行如飛；浮於波中。」十五世紀哥倫布駕船橫越大西洋時，也看到遠處閃閃有光的一個物體。到了近代，世界各地常有人說看到飛碟、來路不明的飛行物體，甚至有人看到外星人在天空上、在玉米田裡寫的大字，這些都是外星人存在的痕跡。另外一個說法是，人類就是外星人的後裔，那麼我們的老祖宗在什麼地方呢？還有一說是，外星人把我們全部監禁在地球，就像個動物園，不讓我們和他們有接觸。

費米兩難論的另一個解套可能是，外星人是存在的，只是，到目前為止，他們還沒有跟我們聯絡上而已。為什麼還沒聯絡上呢？是不是因為時空的距離，使得他們送出的訊號或者太空探索的工具還沒有抵達？這似乎不太可能，因為宇宙已經有一百四十億年的歷史。那麼，是他們不想和別人聯絡溝通嗎？太空中數以百萬的不同文明，總有些想對外聯絡溝通吧？還是因為他們想盡量低調、避免外來侵擾的危險呢？那麼為什麼這些侵擾不來傷害我們？是不是因為他們送出來的訊號我們聽不懂？這就把我們帶到接下來要談的，一九五九年科可尼和莫里森提出的偵測外星人發出的無線電訊號的想法。

經典中的經典

假如真有外星文明存在，我們該如何證明他們的存在，進而跟他們聯絡溝通呢？一九五九年，科可尼和莫里森發表了一篇被稱為「經典中的經典」的論文。他們認為，在一個高度文明社會裡的外星人，一定會送出些訊號，透過這些訊號和其他文明社會接觸。這些訊號會是什麼樣子的呢？從傳送速度和傳送的集中性來考量，他們會選擇電磁波；若從電磁波在太空及地球表面的衰減來考量，他們會選擇電磁波頻率不低於每秒一百萬赫（megahertz）、不高於三百億赫。只是，在這麼大的一個範圍裡，他們會選哪個頻率呢？

天文學裡，有個很重要的頻率，就是一四二〇．四百萬赫，這個頻率換算成波長，按照波長等於光速被頻率除的公式是二十一公分。這個頻率是從哪裡來的呢？大家都知道，一個氫原子有一個電子繞著一個質子在轉，而且電子和質子都有他們的自旋，當電子和質子的自旋方向一致時，氫原子的能量比較高；當電子和質子的自旋方向相反時，氫原子的能量比較低。如果，氫原子從能量比較高的狀態跳到能量比較低的狀態時，這個能量的差異就會產生一個頻率為一四二〇．四百萬赫的輻射。

氫原子在能量較高和較低的狀態間跳來跳去是可能的，不過機率非常非常低。太空中九〇%的物質是氫原子，所以氫原子非常多，一起加起來，我們在地球上的確可以偵測到頻率為一四二〇．四百萬赫的輻射。天文學家在一九四〇年代發現這個現象，到一九五〇年用實驗確切證實了這個現象。科可尼和莫里森心想，這是宇宙中大家都知道的一個頻率，外星人很可能就用這個頻率的電磁波來傳遞訊號。另外，在太空中這個頻率的背景雜音也比較少。

但是，還有個問題得回答。如果，我們用無線電望遠鏡在太空尋找一四二〇．四百萬赫的訊號，茫茫太空，無線電望遠鏡該指向哪個方向？科可尼和莫里森認為應該先從離地球不遠的星球裡找，所謂不遠，也至少有十五個光年。在這個距離內，他們認為有七顆光度、壽命都和太陽差不多的星球，上面都可能會有生命，包括了「Tau Ceti」（中國天文學上鯨魚星座裡的天倉五）和「Eta Eridani」（中國天文學上的波江座裡的天苑四），可以作為搜索的目標。

中西研究不謀而合

總而言之，科可尼和莫里森的論文，不但指出外星人文明存在的可能，還具體規劃出一個搜索的行動方案。這篇論文也為之後五十年尋找外星文明的工作開了先河。在論文的結尾，他們說：「也許有人把我們的論述看成無稽的科幻小說，但是這些論述跟目前天文學上的知識是一致的。雖然，我們無法知道，按照這些說法去尋找外星文明送來訊號的成功機率，但是我們知道，如果不去尋找，成功的機率一定是零。」

順便一提，同樣的一九五九年，在美國從事研究工作的華裔天文學家黃授書也發表了一篇論文，指出宇宙中生命發生的可能。他也認為，在地球附近的鯨魚座天倉五和波江座天苑四，有支持生命的條件和可能。這個結果和科可尼和莫里森的結果相吻合。黃授書是位相當有名的天文學家，他和楊振寧是西南聯大物理系的同班同學，也同時於一九四七年公費赴美留學。

從科可尼和莫里森的論文開始，在過去五十年，政府——特別是軍方和私人的機構，投入了很多資源，從事外星人搜索工作。在無線電通訊方面，也積極建構更強大有力的無線電望遠鏡，製作更精密的測試儀器。除了無線電通訊外，也探索光通訊的可能。更有人提出，為什麼不乾脆把一個實體的探索器送到太空？當然，這些努力，都還沒有得到確實具體的結果。

針對尋找外星文明的工作，也有人持不同看法。撇開不談外星文明根本不存在的可能性，另一個問題是，外星人為什麼想把訊號傳到外面呢？無目的傳送是個有意義的科學行為嗎？何況，即使兩個文明成功地相互交換訊號，往返的時間也在一千年、一萬年以上。還有，過去五十年來，我們在地球上的工作始終集中在聆聽、尋找，只接收不傳送，外星人也很難知道我們的存在。

一個比較深入的觀點是，也許保持沈默、只接收不傳送，是宇宙文明的共同心態。況且，外星人文明是善良抑或邪惡，我們無從得知，如果彼此聯絡上後，萬一他們要來征服、毀滅我們，該怎麼辦？所以，有人建議，任何一個要傳送到太空外的訊息，必須先經過聯合國全體大會的通過批准。至於從外星傳遞來的訊號，可能含有電腦病毒，可能把我們所有的電腦全部毀壞。

由此來看，保持沈默，或許是個應該遵守的政策。

——摘錄自《一次看懂自然科學》二〇一〇年十二月時報出版

柯老師的私房閱讀祕笈

在本文標題下有兩行字，提出兩個問題，透露本文重點。讀者可以循此問題找出作者給的答案。

究竟，外星人是根本不存在呢？

還是真有外星人，只不過我們沒看到？

閱讀目標

①熟悉解決問題的思維寫作方式。

②認識作者布題的方式。

方法

①作者提供一些關鍵詞，你是否有找到？如：第一個回應、第二個回應、一個解釋是、還有一個解釋是……。這些關鍵詞都是針對問題而來

②請畫出作者在文中提出關於主要外星人論述主要的問題。例如，外星人是否存在？為什麼外星人不可能存在？

③本文作者提出的問題有一特色，你有沒有發現？以本文標題下兩行字為例，

外星人是根本不存在呢？

還是真有外星人，只不過我們沒看到？

作者以兩個面向來提問或是回應。

另一個例，

有兩個解套的可能：

一是外星人是不可能存在的。

二是相信外星人是存在的

（一）他們留下痕跡，我們沒有看到，

（二）他們留下痕跡，我們或許看到了，卻不願意承認；

（三）他們還沒有和我們聯絡上。

④前面幾段都是言詞上的辯論，接著作者提出「如何證明」。以雙方有溝通和連絡來證明。雙方要如何溝通？找一個大家都知道的一個頻率，外星人很可能就用這個頻率的電磁波來傳遞訊號。（這個頻率怎麼來，請閱讀文本）。

⑤關鍵在此，作者說「但是，還有個問題得回答。」讀到此，對外星人是否存在你有沒有自己的想法？你能回應為什麼外星人不可能存在嗎？若可以，表示你理解全文。恭喜你。

讀後回應

1. 說說作者布題的特色。
2. 根據本文回應，外星人是否存在？為什麼外星人不可能存在？

科普式說明文

也是城鄉差距　曾志朗

作者介紹

美國賓州州立大學心理學博士。先後擔任中正大學社會科學院院長，陽明大學副校長、校長，教育部長等職，現任中央研究院副院長。長期於《科學人》雜誌撰寫〈科學人觀點〉專欄，並獲得 2004 年雜誌專欄寫作金鼎獎，著有《用心動腦話科學》、《人人都是科學人》等。

也是城鄉差距

文・曾志朗

「如果你有一棵小樹苗，希望它長得又快又大，你應該把它種在城市裡，還是種在鄉下？」

我拿這個問題在校園裡問學生、問老師，在路邊問小攤販，在車站裡問乘客，也問開車的司機，更問了玻璃窗後的售票員（雖然她白了我一眼），我逛到市場裡問賣菜的、問賣肉的，也問搬運貨物的工人，我逢人必問，在熙攘的人群中，也在遊人稀疏的河堤旁。最後，我問到研究植物的教授與研究生，他們以為我在開玩笑，但仍然很客氣地說：「那還用問嗎？」

顯然的，我是問了一個笨問題，幾乎所有的答案都說：「當然種在鄉下！」因為空氣清新、陽光充足？只有一位小學生以腦筋急轉彎的方式回答我：「種在城市裡。因為鄉下樹太多，沒有人會注意到它！」

我非常不滿意上述那個似乎是大家都同意的答案，因為與我個人的經驗不吻合。十幾年前，中正大學在嘉義民雄的鄉間成立，我們在校園裡種了上萬棵樹，幾乎在同時，臺北的大安森林公園也種了數以千計的樹。那些年我在中正大學教書，偶爾回到臺北開會，總是感覺大安公園裡的樹好像長得快一點也大一些。現在我在臺北教書做研究，偶爾回到中正大學，走進校園，看到當年親手種下的樹也都長大了，馬上感到「十年樹木，百年樹人」的驕傲，但回到臺北，走到住家附近的大安公園，卻仍然覺得裡面的樹確實是比中正校園相同的樹木高大一些。雖然我也深切知道個人這個城鄉落差的印象並不一定可靠，但多年來這個感覺一直揮之不去，最近一次來回臺北、民雄兩地，疑慮越加深刻了，遂一不做二不休，決定自己做個實驗找出答案，以解決這長年干擾我的疑惑。

我才開始做文獻的搜尋工作，就馬上發現一群在美國俄勒岡州（Oregon）的研究者竟然也在關心同樣的問題，而且早已進行多年的實驗工作，這真是「吾道不孤」，更應證了「太陽下沒有什麼新鮮事」的說法。答案已經揭曉，就在眼前，只要研究的品質夠水準，實驗的結果可靠且經得起考驗，則成事不一定在我，享受他人的研究成果，也是一項樂趣。

但這一群研究者是怎麼做的？他們選擇北美常見的三角葉楊（cottonwood）作為實驗的對象，為了達到「起始點的平等」，先以基因工程的技術，複製了許多基因完全相同的種子，培育出小樹苗；並從同一地點挖出泥土，分裝到一堆大小相同、形狀也一模一樣的桶子裡；最後將相同基因的小樹苗種在桶子裡，一半放在城裡（紐約市）商業廣場的角落，另一半就散佈在幾個鄉下（紐約州的小鎮）同類商業廣場的相同地點。除了空氣之外，盡量使城市和鄉間的生長條件一律平等，每天的澆水量也嚴格的控制，並登記風吹、雨打、日曬的時間與數量。在七月種下、九月檢驗成長的情形，連續三年的觀察後，研究者發現城裡的樹確實長得較快、較大，葉子也較繁茂，相差將近一倍。但為什麼呢?!

他們仔細分析可能影響生長的各項條件，水量、土壤、品種、病蟲害等都盡量被控制住了，兩邊確實沒有顯著的差異，唯一沒能控制住的，就是空氣的品質，但是比對三年來兩地空氣中的十八種汙染源，唯一產生顯著差異的只有一種，就是鄉間的臭氧比城裡高出許多（28ppb：16ppb）。臭氧對於植物的生長具有抑制作用，這在後來的實驗中也一再被證實了，而原來城裡的臭氧被其他的汙染質給沖淡了，長在城裡的樹木，因減少臭氧的抑制，也長得更高大了。

所以生命的現象真的很詭異，尤其現代科技急速進展，使生活環境變得更錯綜複雜，表面的知識常常不很準確，因此，我們對生命的詮釋要更加小心。科學是黑暗裡的一盞明燈，引導我們緩緩前行，唯有科學才能幫助我們了解生命，保護生命，進而設計美好的生命！

——摘錄自《人人都是科學人》二〇〇四年九月遠流出版

STORY

本文也是先提出問題：「如果你有一棵小樹苗，希望它長得又快又大，你應該把它種在城市裡，還是種在鄉下？」讀完本文會發現，回答這個問題的篇幅只有兩段，不像上一篇，整篇都嘗試回應外星人是否存在。因此讀者要讀出本文題目沒有標出，卻是作者關心的議題。那是什麼？

閱讀目標

① 熟悉作者「以問題解決思維」的寫作方式。

② 認識作者沒有特別標明的意圖與用意。

方法

① 同樣都是以解決問題的方式寫作的文本，卻與上一篇「尋找外星人」有不同的寫作策略。請很快瀏覽前四段的第一句，作者在這裡說的是解決問題的方法，包括：

1. 問人：「我拿這個問題在校園裡問學生、問老師，在路邊問小攤販，……」
2. 回想自己的經驗：「我非常不滿意大家都同意的答案，因為與我個人的經驗不吻合。」
3. 準備動手做實驗：「一不做二不休，決定自己做個實驗找出答案，以解決這長年干擾我的疑惑。」
4. 文獻探討：「做文獻的搜尋工作，就馬上發現有研究者竟然也在關心同樣的問題，而且早已進行多年的實驗工作。」作者不只解決城鄉差距問題還提醒讀者解決問題的方法。這在題目上看不到，是作者隱藏的意圖。

②閱讀實驗：注意文中這句話，「可能影響生長的各項條件，水量、土壤、品種、病蟲害等都盡量被控制住了，兩邊確實沒有顯著的差異，唯一沒能控制住的，就是空氣的品質。」注意到什麼被控制，什麼沒控制，你才找得到樹要種在城市裡，還是種在鄉下的答案。

讀後回應

1. 本文作者提出解決問題的方法有哪些？
2. 本文最後提到「唯有科學才能了解生命，保護生命，進而設計美好的生命！」這與題目有什麼關係？試著想想。

科普式
說明文

大屯火山即將甦醒？　林正洪

作者介紹

中央研究院地球科學研究所研究員、大屯火山觀測站（TVO）計畫主持人。曾經於 2001 年應邀至日本名古屋大學的火山與地震研究中心訪問一年，參與日本多項火山觀測與研究計畫；最近幾年也曾多次前往菲律賓，進行火山觀測與調查。

大屯火山即將甦醒？

文・林正洪

從古至今，火山噴發帶來了許多可怕的災難。歷史上最慘烈的火山災難，是大約二千年前義大利維蘇威火山噴發，火山熱熔岩以及火山灰將當時繁華的龐貝城完全掩埋。希臘一個海島的火山噴發，也曾觸發一次大海嘯，導致三千四百年前的的米諾斯古文明突然消失。

一九八二年墨西哥及一九九一年菲律賓的兩次火山噴發，大量火山灰進入大氣圈，形成的高空雲層阻擋了到達地面的陽光總量，導致全球平均溫度下降，十餘萬人受這些火山災害所影響。二〇一〇年四月冰島火山噴發，大量火山灰散佈到歐洲上空，迫使許多機場關閉、航空班次大亂。短短幾天內歐洲國家的航空公司取消近上萬航次航班，停飛的規模已超過美國九一一恐怖攻擊，這也是自第二次世界大戰以來最大規模的航空業停飛，估計經濟損失高達數十億歐元。

地球上一直有非常多蠢蠢欲動的活火山，隨時對人類文明造成不同程度的威脅。小規模的火山噴發，也許僅對附近村莊或城市造成破壞；大規模的火山活動所產生的大量火山灰會遮蔽陽光，讓地球上的生物無法獲取所需的太陽能，影響全球生態，甚至造成全面性的生物滅絕。據估計，美國黃石公園的超級火山若再度噴發，就會是一場全球大災難。為了降低未來可能的火山災害，如何利用現代化科技，對這些具有威脅性的活火山進行監測與研究，是一項重要的防災工作。

大屯火山是活火山？

臺灣島上唯一具有火山地質特徵的大屯火山群，位於臺灣島最北端，南與臺北盆地相鄰。大屯火山群的地表溫泉及硫磺噴氣等地熱活動非常明顯，因此經常有人擔心，若大屯火山再度活動，火山噴發的災害不僅威脅大屯山地區，也很有可能影響更廣泛的區域。大屯火山群的最高峰七星山，距離臺北市中心僅十餘公里遠，大屯火山的活動不僅是一個值得研究的科學問題，事實上，更攸關大臺北民眾的生命財產安全。

雖然大屯火山群的火山地質特徵極為明顯，但過去一直認為它不會再度活動，主要是依據早期的火成岩定年分析研究，推估最後一次火山噴發可能發生於十至二十萬年前，大屯火山因而被歸類為休火山或死火山，也就是不會再有火山噴發。然而最近十餘年來的多項研究分析結果，卻對上述推估提出強烈質疑。

首先是臺灣大學地質系的楊燦堯等人，針對大屯火山地區溫泉水及噴氣孔中火山氣體的化學成分進行調查，發現氦同位素的比值非常相似其他的現生活火山。一般而言，氦同位素的比值在大氣中約為一，地殼中僅有零點一，但是地函卻可高達三十左右。大屯山地區氦同位素比值大多介於四到七之間，代表大屯山地區的下方應該有地函物質持續補充，也就是有上湧的岩漿或相關物質，才可能偵測到氦同位素如此高的比值，因此大屯山底下可能有岩漿庫存在。

其次，筆者的研究團隊從大屯山地區的地震監測清楚發現，七星山及大油坑附近地區的淺部地殼，有非常群集的微震活動。這些微震深度不到五公里，並且有些微震具有「群震」的特性，也就是短時間內局部地區發生多次規模相似的微震，卻無明顯較大規模的主震。這類「群震」是火山或地熱地區特有的地震活動，與一般活動斷層帶的微震活動極為不同。

此外，仔細分析大屯山地區的地震紀錄，也偶爾會發現一些火山特有的地震形式，例如單頻水滴狀火山地震、多頻螺絲釘狀火山地震，以及超長週期的火山地震。一般推論這些火山地震發生的原因，主要可能與火山岩漿庫的岩漿通道（或地熱區內）中液態或氣態物質壓力的增減有關。若用比較容易理解的方式來說明，單頻火山地震的發生，可能是某一岩縫中氣態物質流動時激發了岩縫震動，就如同撥動吉他中某一條弦所產生的振動。多頻火山地震的來源，則可能是氣體於兩個或以上的岩縫中快速流動時所造成的振動，就如同同時撥動吉他中的幾條弦（和弦）。至於超長週期的火山地震，也許反應了岩漿庫（或是溫泉水）的整體自由振盪。

最近幾年內，日本研究學者村瀨雅之與筆者更針對大屯山地區進行全面性高精確度的水準量測，發現部分地區（如擎天崗）有明顯的抬升現象，平均每年約零點五公分。大屯火山地區淺部地殼顯然仍有很大的壓力存在，方可造成如此幅度的局部地殼抬升。

為進一步了解大屯火山最後一次的火山噴發時間，科學家最近十年來進行了多項有關火山灰的調查研究，發現大屯火山最後一次噴發並不在十萬或二

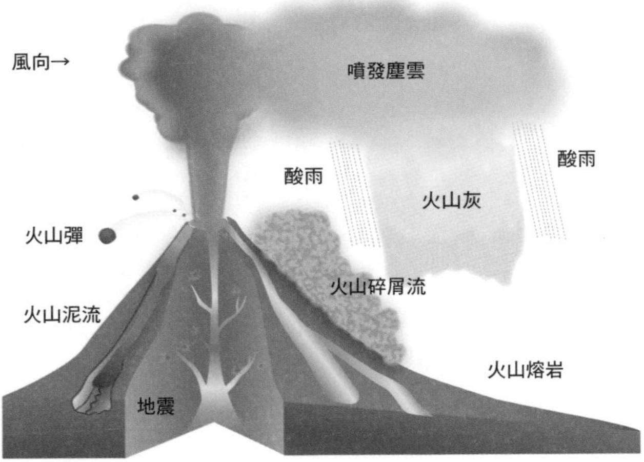

火山噴發會釋出多種地底物質。火山熔岩流會直接由火山口或岩石裂隙流出，這些岩漿的溫度可達 1000º C。而火山碎屑是由火山噴發產生的高溫快速火山氣體與碎屑組成，火山灰則為火山噴發出的碎石和礦物質粒子（通常直徑小於兩毫米），火山泥流是以火山灰為主的土石流。圖片來源《科學人》月刊。

十萬年前。臺大地質系陳正宏等人在靠近大屯山地區臺北盆地的鑽井岩心中，發現大約一萬八千年前的火山噴發物質；二〇一一年一項大屯山地區火山灰定年研究，筆者的同事陳中華等人更發現大屯山的最後一次噴發，可能在五千到六千年前。如此一來，大屯火山將符合國際火山學會一般認定的活火山定義，即最近一萬年內曾經有火山活動，可歸類為「活火山」。

依據上述多項調查及研究發現，臺灣地球科學界經過多次討論，最後認為大屯火山群可能屬於「休眠活火山」，也就是未來再度噴發的可能性暫時不可完全排除。因此，更積極的研究與監測，是必須進行的工作。

監測防災，刻不容緩

大屯火山未來若再度活動，周遭地區將受到不同程度的威脅。首先，火山噴發的高溫快速熱熔岩及碎屑流，可能直接對流經地區造成毀滅性的破壞。可想而知，大屯火山南側的臺北盆地必然首當其衝；倘若火山熔岩進而流向關渡隘口，則有可能堵住淡水河出口，無法排放的河水可能迫使臺北再度成為湖泊，就像過去的「康熙臺北湖」。此外，火山灰可能依噴發時的氣候條件，飄向臺灣全島及離近國家，中央大學大氣科學系的王國英已利用電腦模擬出大屯火山灰可能影響的廣大範圍（見左圖）。火山地區降落的大量火山灰，也可能因下雨造成火山泥流災害，就如同臺灣常見的土石流災害。這些不同形式的火山災害，均可能直接或間接造成周邊地區不同程度的傷害。

雖然火山噴發曾在歷史上造成許多災害，但以現今的科技，若能嚴密監測火山活動，便可即時而正確評估火山噴發的可能性。因為大多數火山在噴發前，必定會伴隨許多不尋常的現象，例如火山地震突然頻繁起來、火山氣體與溫泉水成分改變、地表明顯變形，以及地溫增加等前兆。所以一般而言，若對可能再次活動的火山進行仔細監測，火山噴發通常是可預測的，包括可能噴發的位置、噴發的時間，甚至噴發的大小等。如此可提前對居民提供預警，以減少火山噴發所帶來的災害。

根據日本、美國、義大利、紐西蘭和菲律賓等國家監測火山活動的經驗，想要掌握火山活動的特性，可同時採用多種科學方法來完成，特別是火山地震監測、地球化學分

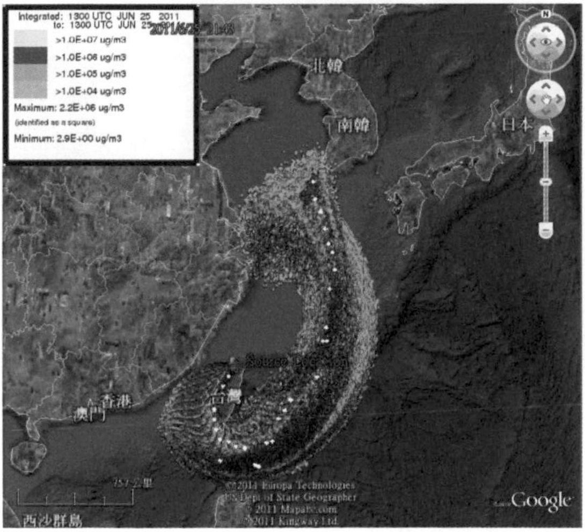

大屯火山一旦噴發，火山灰會隨風飄散。圖為以電腦模擬大屯火山於初夏季節噴發後 36 小時，火山灰可能擴散的範圍。
圖 / 王國英教授提供。

析、地殼變形與地溫測量等，均是廣泛應用來監測活火山的主要方法。

為了增進我國的火山觀測能力，並了解大屯火山活動的現況，行政院於二〇一〇年底由國科會與內政部在陽明山國家公園內的菁山自然中心，共同成立「大屯火山觀測站」（Taiwan Volcano Observatory-Tatun, TVO），並整合經濟部中央地質調查所、交通部中央氣象局、中央研究院、臺灣大學及中央大學等現有分析研究結果，同時加強即時監測的功能。這個觀測站的監測方法包括火山地震監測網、火山氣體與溫泉水的化學成份分析調查、地殼變形的量測、地溫監測，以及噴氣即時影像監測等；未來還規劃加入傾斜儀、重力、地磁、衛星影像等不同方法，以達到更完整的監測。幾項即時監測方法的基本概念如下：

火山地震監測：火山噴發的時間與規模，受到地底下岩漿庫大小及其填充岩漿壓力所影響。大多數的岩漿庫均位於距地表數公里的淺部地殼中，當岩漿庫壓力過大，岩漿逐漸往上湧升時，會伴隨許多微小的地震活動。透過地震網的觀測即可清楚辨識火山活動的情形，甚至預估可能噴發的時間及地點。因此大屯火山觀測站於大屯火山地區內設置了一個高密度的小型地震監測網，目前有十七個地震站，對大屯火山的地震活動進行即時監測。未來若大屯火山地區有任何火山活動，科學家可透過這個即時的地震監測網，對可能的火山威脅發出預警。

地球化學成分變化監測：火山氣體及溫泉水的化學成份分析調查，是大屯火山觀測站重要監測工作之一。基本概念是只要火山底下有岩漿活動，大量的火山氣體就會釋放到地表。火山氣體的成份以二氧化碳含量較高，同時也是岩漿上升過程中，首先脫離的氣體之一，因此二氧化碳可以當做探討岩漿活動的有利工作。利用偵測土壤氣體中二氧化碳的釋放來監測火山活動，是相當重要的火山預報機制之一，並且可以讓科學家在安全距離外監測火山活動。因此大屯火山觀測站於小油坑地熱區，設置了國內第一座即時火山氣體（二氧化碳）連續觀測站。

地殼變形監測：當岩漿往上湧升或是熱水系統壓力增加時，地殼常會膨脹隆起、地表產生明顯變形。這些變化可以分別利用水準測量、GPS及傾斜儀等精密的大地測量技術來量測。目前大屯山地區已設置六個GPS站，進行長期且即時的地殼變形監測。此外，為提高大屯山地區全面性地殼變形的監測功能，每年也沿著大屯山地區主要道路，進行重複性高精確度的水準測量。目前正積極規劃加入傾斜儀、衛星影像等更精密的大地測量技術，以進一步獲得地表在時空上的細微變動。

火山附近地區的人類文明與演化，與火山活動其實有一種特別的關係：火山噴發的岩漿會對人類造成重大災害，但火山噴發的火山灰也會變成肥沃的土壤，供人類種植農作物。過去人類對火山並不了解，也無法預測火山爆發，火山災害曾經帶來很大的衝擊；但現今科技已經可以成功提供預警功能，我們可以透過一些正確的方法，來與火山和平共存。

大屯火山未來再度活動的可能性無法完全排除，然而只要做好各項即時監測，並連結預警與通報系統，即可避免火山噴發所造成的人命與財產損失。陽明山國家公園的大屯火山監測站，未來也會將大屯山長期研究的多面向成果呈現給社會大眾，以達成休憩、科學與教育等多重功能。敬畏火山、親近火山、欣賞火山，是身在火山邊緣的我們應該有的態度。

——摘錄自《科學人》月刊二〇一二年一月號

火山是死是活？

活火山

現生活火山：正在噴發或間歇性噴發的火山，如夏威夷火山、日本櫻島及阿蘇火山等。

休眠活火山：有可能再噴發的火山，但不是現在就會噴發，大屯火山群目前可能歸屬此類。

死火山

過去地質年代曾經噴發過，但是已喪失了活動能力，未來不會噴發的火山。

→延伸閱讀

＜火山＞專題，《科學發展》2009 年 5 月號。

＜環伺臺灣的火山危機＞專題，《科學發展》2010 年 9 月號。

大屯火山觀測站網頁 :http://tec.earth.sinica.edu.tw/TVO/index.php

【監測方法】
——緊盯大屯火山一舉一動——

為了密切監測火山活動，大屯火山觀測站設置了高密度的地震監測網，目前有十七個地震站。另外設有 2 個火山氣體分析站、10 個溫泉水監測站、6 個 GPS 站，並在小油坑設置地溫監測站與即時影像監測系統。

地殼變形（GPS）觀測站

水準測量野外作業情形

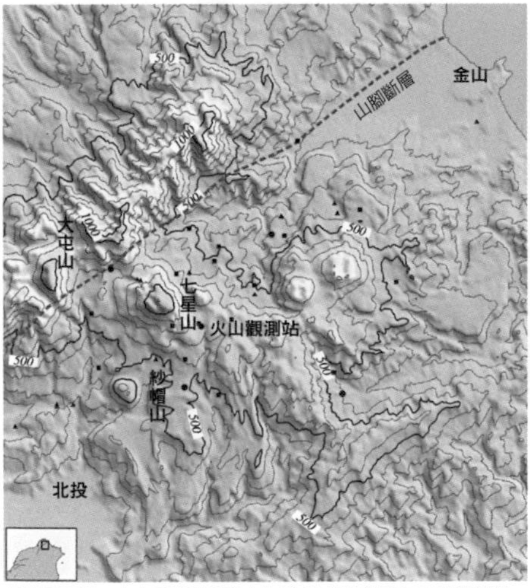

■地震監測 ▲火山氣體與溫泉水分析 ● 地殼變形（GPS）觀測站

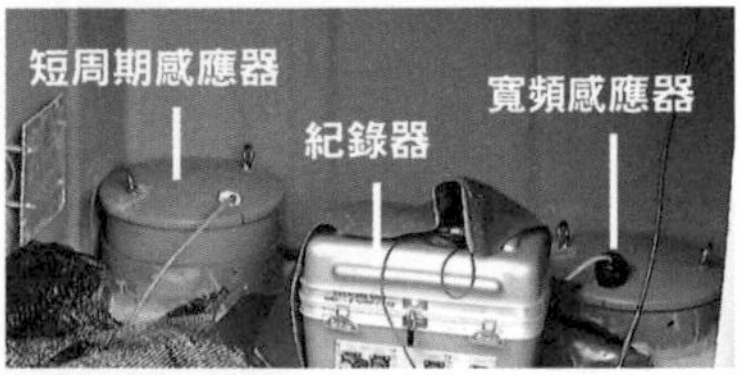

地震站主要儀器

埋在硫磺噴氣孔旁的地溫感應器

柯老師的私房閱讀祕笈

這一篇的題目是一個提問，但不同於前兩篇以問題解決的方式寫作。作者以答題的方式回應題目。本文可以說是教科書裡的典型篇章，有特定的格式，包括副標題、說明主題的圖、名詞解釋、延伸閱讀等內容。這些主文外的設計都是為幫助讀者更明白文章的重點。閱讀時，不要因它們不在主文內而忽略不讀。

閱讀目標

① 找出文本既有格式，依格式閱讀。
② 認識大屯山的狀況。

方法

① 基於本文有清楚格式，請先瀏覽重點提要、名詞解釋（火山是死是活？）以及圖（特別是火山噴發圖和監測方法圖）。
② 大致對本文有一些概念後，快速走過第一大段，來到有標題「大屯山是活火山」這一段。瀏覽一下，有沒有讀到一些如：首先、其次、此外等詞語？作者在這一段也用了過去、最近、最近十年，二〇一一年等語詞，表示他是以時間順序整理資料，說明有關大屯山的研究。這背後也意味著，現在有些研究結果已經不同於過去。讀者要掌握這研究趨勢。

③ 當你熟悉大屯山是活火山這一段的資料，就不意外作者接下來會寫「監測防災，刻不容緩」這一段。瀏覽這一段，你看到什麼特色？以黑色字體標出的小標題，這也是一種重點提示。這些重點講的是監測火山的基本概念。

④ 再讀一次重點提要、名詞解釋和圖，確認你學到兩件事：

1. 大屯山是活火山的證據。
2. 監測火山的方法。

⑤ 文中有一些專業名詞，如氦同位素，若你想認識這些詞彙，請進一步找相關資料自己學習。

讀後回應

1. 你是否找到本文一些很明顯的格式？這些格式對你掌握本文重點，有沒有幫助？
2. 你有多少把握，可以清楚回應：

（一）屯山是活火山的證據。

（二）監測火山的方法。

若正確比例不到80%，你覺得是為什麼？

科普式
說明文

本能・智能・超能（上） 李淳陽

作者介紹

1922 年生於臺灣嘉義。1941 年赴日，考入東京農業大學農學科。曾任職於農試所，從事農業害蟲和農藥的相關研究，並以八年時間自費拍攝昆蟲影片，成為臺灣第一部昆蟲生態紀錄片。著有《李淳陽昆蟲記》一書，並發行同名生態紀錄片。

本能．智能．超能（上）

文．李淳陽

昆蟲是「本能的奴隸」嗎？

一般人都認為：昆蟲不會思考，牠們只是依照「本能」來行事，而本能的行為是盲目的，就像自動機器一樣。一直到幾十年前，甚至很有名的學者之中也還有持這種想法的。

這種長久以來已經根深蒂固的觀念，是怎麼來的呢？我認為可能與法國的昆蟲學者法布爾有相當大的關係。法布爾的名著「昆蟲記」對後來的學者影響實在太深了。他做過很多詳細的觀察與試驗，體認到昆蟲的本能實在是很了不起，非常完美！但是他也說：「昆蟲的本能有很愚蠢的一面。」

現在，我們來看看「昆蟲記」裡提到的兩個例子，並且好好來探究問題的核心。

第一例：有一種產於法國南部的「穴蜂」，做巢時，會先挖一個地下洞穴，然後去捕捉獵物——擬螽蟴，把牠放入洞穴內，並在獵物身上產卵。之後，用土砂封閉地下洞穴，這樣完成一個巢。

法布爾做了這樣的試驗：當蜂在封閉巢穴時，他把蜂推開，並從巢穴中移走獵物，然後觀察蜂的反應——那隻蜂馬上跑進地下巢內，一陣子之後，跑出來，然後重新用土砂開始封巢，完成後就飛走了。

有些種類的狩獵蜂會有這種習性：要外出狩獵時，會先暫時封巢，以避免外敵侵入。所以，法布爾猜想這種蜂可能也有這種習性，也就是說，過一陣子之後，牠可能會回來再度使用那個巢。於是法布爾在一個星期之後，回去同一地點，查看這個巢穴。只見它維持著封閉的狀態，而裡面仍然空無一物。

法布爾的結論是：「這種穴蜂由於本能的驅使，會做出一系列的築巢工作，就像自動機械一樣。但是蜂並不知道每一階段工作的意義。」他認為這種無意義的行為，是「愚蠢的本能」。

法布爾做這試驗，是用多少隻蜂才完成結論呢？關於這一點，並沒有確切的資料但我想：如果他用很多隻蜂或是別種穴蜂來做試驗的話，結論可能就不一樣了。

再來看看法布爾所做的第二個例子：他看到一種「泥工蜂」正在用泥土做壺形的巢體，就故意在巢體上戳一個洞。蜂馬上做修補工作，把洞填補好。等到巢體完成，蜂開始去採蜜，儲存在巢內作為幼蟲的食糧。當蜂開始採蜜後，法布爾同樣在巢體上戳一個洞。而蜂看到蜜汁滲流出來，卻不知道要修補，只是繼續採蜜的工作。

最後，法布爾的結論是：「當蜂完成一個階段的工作，進入下一階段時，就沒有意識到上一階段工作的意義了。」

現在，問題出來了——美國的一位昆蟲研究者 Verlaine，做了同樣的試驗，他所用的泥工蜂的種類也是和法布爾的一樣。結果，他發現這隻蜂會停止採蜜，先去修補被戳破的洞；補完了之後，才繼續原來中斷的採蜜工作。同一種蜂，遇到同一情況之後的反應，竟有這樣大的差異，為什麼呢？美國的昆蟲學者 T．C．Schneirla 認為：「法布爾所用的蜂，是季節末期的老蜂；而 Verlaine 用的，則是年輕的蜂。」所以他認為：「昆蟲的年齡差異會影響牠的行為。」和人類一樣，昆蟲也有老化現象，記憶力也會減退。這是對的，現在已經有人實驗證明了。

但是，我也可以這樣說：「Verlaine 用來做試驗的年輕泥工蜂，有頭腦，會思考。」事實上，那隻蜂確實是知道牠應該要做什麼的。所以我們應該要說：「蟲也是會思考的。」但是 Schneirla 卻一點都沒有提到有關泥工蜂「可能會有思考能力」的事。

近代的研究者一般都有這樣的想法：「同一種動物，包括昆蟲，同一種而不同的個體之間，可能在本能上會有差異；某一個體的本能，可能異於其另一個體的本能。」

可是，我認為這是偏見，他們非要把昆蟲說成是「沒有腦筋思考」不可。當同種類而不同個體的兩隻昆蟲工作方式不同時，他們只說是因為個體的本能不同，而不肯承認可能昆蟲也會思考。

我曾長期觀察兩種狩獵蜂的行為，之後發現：即使是同一隻蜂，在做同一種工作時，有時也會用不同的方法來進行。如果要借用前述研究者的論點來解釋，那麼，在這樣的例子中，我們豈不是必須說「同一隻昆蟲，在一種本能內，會具有幾種不一樣的本能」了嗎？這樣說法，真是令人如墜五里霧中。

本能與智能

在各種不同的寄生蜂之中，小青蜂（Chrisis fuscipennis）的寄生行動最有「學問」，看起來也有警戒性和高度的智慧。牠們在竹管間飛來飛去，有時會停在竹管入口，探視裡面是否有黃面蜂或赤面蜂所築的巢。若有，牠們不會貿然就進入裡面產卵寄生，而是在竹管入口下方或附近守候著，面部朝向竹管入口，等待主人回巢。

牠們的耐心值得讚揚。有一次，我觀察到一隻小青蜂在一個固定地方等待寄主黃面蜂回巢。牠先等了十五分鐘，然後移近些，又等了五分鐘，然後飛走。是不是等得太久，不耐煩了？不是的，大約二十分鐘後，牠又回到同一地點等候，這回又等了二十二分鐘後，才終於放棄而離開了。

在什麼時候「摸」進巢中去產卵會是最安全？小青蜂們很清楚——當然是在寄主蜂剛離開巢時，既保險，又有較充裕的時間可以行動。牠們不會貿貿然就隨便闖進竹管去，以防寄主蜂正在裡面，被逮個正著。難怪牠們會辛辛苦苦的在外守候，耐心的等待黃面蜂回巢。

如果小青蜂在竹管入口等候時，被寄主撞見了，會有什麼麻煩呢？令我相當失望，並不是一場拚得你死我活的血肉戰——只見寄主黃面蜂通常只是被動的追趕了一下小青蜂，像在竹管上捉迷藏一樣。

有一回，一隻小青蜂飛到竹管入口下方大約十二公分處等主人回家。當黃面蜂回來，只追逐一會兒就停止，逕自進入巢內。小青蜂等黃面蜂一離開巢，很快的進入裡面產卵寄生，隨即又出來，飛走了。牠的手腳之迅速俐落，簡直和人類的小偷一樣。如果真要比的話，「怪盜」小青蜂的功夫可能比有些小偷還來得高明吧。如果有人想要當小偷，他大概會這樣想：最好找一個獨居的有錢人住宅，趁主人不在時，摸進去之前先在窗口偷窺探看屋內情況。但是這是最好的方法嗎？其實是下策——從小青蜂的做法已給我們啟示了。

小青蜂的「本能」，是不是會比那些不太用腦筋的人類聰明一點？

不過，「本能」到底是什麼？

「本能」這一詞，本來就是很難解釋的。對人類來說，有很多事情需要別人的教導，再反覆練習，然後才學會做某一樣事情；而動物卻不需別的動物教導，天生就能做出各種行為，這樣的能力叫做「本能」。

但是，這種說法只是談到「本能是什麼」而已，並沒有說明動物「如何得到本能」。所以有人會追問：「動物的本能是誰教會的？」或是「牠們到底是從哪裡得到這些能力呢？」

在這裡，有更重要、立即要問的是：「動物界真的存在這種問題嗎？」

以人類而言，如果想要擁有某種能力，大部分都是要有別人來教才行，所以會認為動物也一樣，先要有其他動物來教，才會有「能力」去做事。就因為有這樣的想法，才會產生：「本能是誰教出來的呢？」這樣的問題。

我認為這種思考方式真是太偏向「以人為本位」了。人類的思考方式，真的能夠完美的追求到真相嗎？別忘了蘇格拉底曾說過的：他不能真正的「知道」任何事情。

無論如何，人們實在不清楚「本能的本質」究竟是什麼，只能「描述」本能而已；而真正的本能之實體，是不可知的。當一個人說：在一個本能（不可知）裡面，會有幾個不一樣的本能（不可知）時，這樣的說法有什麼意義呢？

科學持續在進步，近年來開始有人說：「動物可能沒有智能，但是有能力學到一些事情。」如果智能含有「靈性」的成分，很難令人相信昆蟲會有智能。可是，如果把「有『能力』學到一些事情」這一句話中的「能力」稱為「智能」，而思考能力又是屬於智能的一部分的話，這有什麼不對呢？如果有人還是認為「不對」那麼我們可以認定它只不過是「語言」的問題，是「人類之語言」的問題，其實和「事實」並沒有關係。

科學一直在演化著。近年來在動物行為研究，有一個新的分支，稱為「認知行為學」（cognitive ethology），這方面的有些學者認為：「動物，包括昆蟲，也可能有『意識』。」他們並不是空口說白話，而是正在努力以研究來證明。

現在，我們來看看黃面蜂是不是也可能會有「意識」，知道自己在做什麼；而在突然出現意外的狀況時，牠們是不是也可能會動腦筋「思考」如何來解決問題。

有一隻黃面蜂在竹管內築巢，從管側的小洞口出入。當牠外出狩獵時，有一隻小青蜂來了，耐心的的守在洞口的下方。不久，黃面蜂帶著捲葉蟲回巢中放好，又繼續出去狩獵。這時，小青蜂立刻進去竹管內，把卵產在巢中的捲葉蟲體內寄生，然後立刻離開。

黃面蜂回來後，馬上察覺曾經有外敵侵入過，於是開始把貯存的捲葉蟲一隻隻抓出去丟棄。在過程中，突然發生意外情形——蜂正抓著一隻捲葉蟲往外拉時，蟲的尾足卡住洞口，使得蜂無法順利的起飛。蜂不斷掙扎著，試了又試，還是無法飛走。

就在這時，蜂發現原來是蟲用尾足緊緊抓住洞口邊緣，因而使得牠拉不動，於是蜂改變策略：只見牠轉個方向，把蟲向上拉一下，再試飛，果然使尾足鬆開了。於是蜂繼續用力振翅，終於成功的帶著捲葉蟲飛走。

像這樣類似的情況，我曾經見過很多次，但是其他的黃面蜂，處理方式卻不一樣，牠們都是死命的拉扯，最後還是可以把捲葉蟲拉開而飛走。只有這一隻很特別，牠並不強拉，而是懂得改變策略。

這隻蜂確實令我難忘。如果只會照著本能來行事的話，牠應該只會拚命的硬拉，不知變通，甚至會一直拉到力竭死亡為止。可是牠卻在拉了幾下後，就知道問題出在哪裡，也知道要先讓蟲的腳鬆開才行。所以牠立刻改變方式，終於解決了問題，我認為牠知道該怎麼做，也知道自己在做什麼，這很可能代表著牠可能是有「意識」的。

我們曾談到：人類如果不藉助於「對比」所產生出來的力量，是沒有辦法思考的。可是，「對比」會有偏差，以致於使人們感到：「越想越糊塗。」

如果沒有「對比」，人就看不到事與物，看不到黑紙上用黑墨水寫的字。當我們在白紙上畫一朵花，很好看，但是同樣的花畫在黃色或其他顏色的紙上，也許就沒那麼好看，或甚至會很醜了。這是因為所根據的「對比」不一樣，使人產生的想法也不一樣。

坐在公車上時，每個人都知道自己正在移動中。這是由於搖晃、振動所產生的「對比」，忽左忽右，又上又下，不一致所產生的「對比」，使人知道自己正置身在移動中的交通工具裡。如果換成坐在窗戶全部關閉的飛機上，而飛行非常平穩，沒有搖晃振動的情形，乘客很可能就完全沒有感覺正在移動中了。這就是說明了「對比」的本質。

如果沒有了「對比」做為背景，人的知覺幾乎無法產生，也無法思考。因此「對比觀念」自然的演化出「因果觀念」來。但是如果要真正去瞭解每一「果」之「因」會是極端困難的。因為在那個「因」之前，也有另一個先前的「因」存在；再往前溯，還有更早就開始的另一個「因」可以追究……這樣一直回溯下去，會發現每個「後果」都有數不完的「前因」。

如果想要查出「本能是誰教的？本能的老師在哪裡那？」那麼，到底要考慮多少個「前因」才行呢？可想而知一定是算不完的。

因此，我們可以很清楚的瞭解，人類的思考能力其實是極其有限的。我們不可因為專家們很有名氣，就盲目相信他們所說的每一句話。我們理應對專家們主張的「本能之導師」說，提出批判。他們說自然淘汰（物競天擇）就是動物本能之導師。意思是說：祖先們長久以來為生存而演化出來的最起碼的能力，遺傳給後代的，就是「本能」。為了要使這理論更具說服力，學者們甚至發明了「偶然的遺傳因子變化」或「突變」之類的術語。

在日常會話裡，我們當然可以使用「偶然」或「突然」等字眼。可是在科學界裡，會有「突然」或「偶然」發生的東西嗎？在一般人的感覺裡，地震是突然發生的；可是有一些動物早在地震發生之前，就能察覺到事情將要發生。

好吧，就算我們接受這種「有變異發生」的說法，同意人家說「演化是源自於物競天擇加諸於偶然的『遺傳因子變化』」，並且說「本能就是祖先自演化中所得來的能力的遺傳物」。簡單的說，本能的老師就是物競天擇或演化；動物具有本能，是「果」，它的「前因」就是物競天擇或演化。但是，如果有人接著要問：「是什麼原因促成物競天擇或演化？」

這還是一種「因果」的想法，如果這樣討論下去，想來是不會有結論的。

——摘錄自《李淳陽昆蟲記》二〇〇五年三月遠流出版

科普式
說明文

本能・智能・超能（下） 李淳陽

作者介紹

1922 年生於臺灣嘉義。1941 年赴日，考入東京農業大學農學科。曾任職於農試所，從事農業害蟲和農藥的相關研究，並以八年時間自費拍攝昆蟲影片，成為臺灣第一部昆蟲生態紀錄片。著有《李淳陽昆蟲記》一書，並發行同名生態紀錄片。

本能．智能．超能（下）

文．李淳陽

如果一定要說本能是祖先依靠演化所獲得的能力，而遺傳給子孫的話，下面的幾個實例就無法合理解釋了。

如果蜂卵失而復得

當黃面蜂遇到外敵螞蟻闖入巢中傷害或取走蜂卵時，牠知道要如何處置——如同我們在先前所看到的，牠們通常會清除貯存的獵物，一隻隻丟到外面。

這種行為是本能，遺傳自牠們的祖先。我們可以推想：牠們的祖先必定是有過這種「遭到敵人侵襲、擾騷」的經驗，一而再，再而三之後，演化出這種因應方式，不惜把辛苦抓來的美味獵物丟棄。

這樣一來，我們可以穩當的假設：黃面蜂的祖先不可能有過「蜂卵失去後，突然又回到蜂巢中」的經驗吧。不可能會有螞蟻偷了蜂卵之後，忽然覺得不好意思，就把蜂卵送回蜂巢。

以這個假設作為基礎，我曾做過這樣的試驗——

當黃面蜂在外面忙著獵捕捲葉蟲，準備貯存在巢內時，我偷偷的把竹管中的蜂卵取走。黃面蜂帶著牠的獵物回來了，一進入巢中，立刻發現牠的卵不見了！只見牠非常緊張，在竹管內上來、下去；又在竹管的外圍四周飛來飛去。一陣子之後，牠在竹管入口靜止不動，做出守衛的姿態。幾秒鐘之後，決定放棄牠的巢，開始固定動作的第一步：把蟲抓出去去掉。這種「本能」的行為是固定的、是不變的，牠一定會把全部的蟲都抓出去丟掉。

但是，當牠帶著第一隻蟲飛出去後，我立刻把牠的卵送回巢內。蜂飛回來了，正要帶第二隻蟲出去丟棄時，立刻發現原先失去的卵又在巢內出現，牠立刻表現出一種「真奇怪」的反應——

等一等，蜂真的會「覺得奇怪」嗎？我知道可能有些學者會反對這種說法。但是，在反對之前，且先繼續看看以下的事實，再做評論吧。

當黃面蜂看到巢內又有卵時，牠的反應是如何呢？——只見牠靜靜的站著一陣子，面對牠的卵，只是不停的擺動觸鬚。然後，慢慢的爬上竹管，這過程完全沒有緊張的動作。牠馬上又下去，再看看牠的卵。就這樣，在竹管內上上下下幾次之後，飛出去了，這回是空著手，沒有抓著蟲出去丟掉。而當牠回來時，又帶著新的獵物。顯然，牠已經恢復繼續為孩子貯存食物了。

黃面蜂的這種行為可說是合情合理的，因為「本能」是祖先所遺傳，而牠的祖先不可能會有這種「卵失而復得」的經驗。這個道理很清楚，黃面蜂珍視自己的卵，為了繁殖下一代，牠的行為恰當而有意義。這也代表著牠有心、有腦筋，才能做出那樣的行為。所謂的「智能」本來就是「心」與「腦」的產物。

黃面蜂的這種行為，也否定了美國一位著名生物學者 Ross E. Hutchins 的論點：「……這蜂的心智像錄音機一樣，一旦啟動就必須持續到結束。只有當『帶子』放完了，倒帶回去，才能重新再來一遍。」如果按照這種理論，當黃面蜂發現卵不見了，開始丟棄第一隻蟲後，應該就會繼續不斷的丟，直到所有貯存的蟲全都丟光為止。

像這種把本能行動看成是「不能在中途變更的固定動作模式」，其實是錯誤的吧。如果一定要知道本能的來源，我們必須先知道生命是怎樣產生、演化的。科學家可以用「假說」來解說，但是「假說」也很可能隨時被推翻、否定。有很長的時間，科學家相信，生命的起源來自於海水中的原始有機物。可是現在卻有科學家主張應該是來自於外太空。

不但如此，假說也僅僅解釋了事情的表層而已，內在的「為何」與「如何」，常常仍然是不可知的。

築巢步驟可以變動嗎？

我曾看過一隻黃面蜂中斷封口工作，飛到鄰接的一根新的竹管，詳細的檢查內部及外部，然後才又飛回原處，繼續原先中斷的封口。等牠完成這工作之後，再飛到剛剛察看過的新竹管內產卵，開始築新巢。由此可見，前面Hutchine的「本能錄音帶說」絕對無法成立。

還有，下面的例子，可以清楚說明黃面蜂及赤面蜂的築巢順序是可以變動的——牠們由竹管側面的出入口爬進管內後，往上做出一個育嬰室。

如果這些蜂的工作順序不能中途改變，一定要照著「產卵↓貯存捲葉蟲↓敷泥層來封室」的步驟的話，那麼，像這種築巢順序不同的育嬰室，是不可能做出來的。

因為如果要做出這種奇特的育嬰室，我們可以推想蜂在產卵後，必須先要做出部分的「隔間地板」，以便抓捲葉蟲進來時有存放的地方；等到蟲放滿了，才將這隔板全部封閉，完成這個育嬰室。所以，牠的步驟會是「產卵↓敷部分泥層↓貯存捲葉蟲↓敷泥層完全封室」，不但步驟和平常不相同，相較之下也複雜和困難得多了。

我曾觀察一隻蜂在竹管側面入口上方，大約八公分處所築的這種育嬰室，裡面貯存的捲葉蟲，每隻都是全身沾滿竹管內壁的表皮屑，可以想像當蜂在竹管中，要把牠們往上拖到育嬰室裡時，會是多麼辛苦的工作！

當然，並不是所有的黃面蜂都會這樣「自討苦吃」。有些從竹管側面的一個出入口進入，只在洞口下方，依照平常築巢程序，建造一個育嬰室，就封口、飛走了。

像這樣，在同一種類內各個體間之差異，真是不勝枚舉，我不再浪費時間一一列出。我只想強調：牠們絕不是「本能的奴隸」也不是沒有智能的動物。雖然牠們是靠本能行事，但是在牠們的本能中也有智能。事實上，我認為「本能」或「智能」這樣的名詞，只是為了方便一般用途而已，而絕不是用來探尋真理的。

哈佛大學教授Marc Hauser的觀點是：「如果說，『智能』這一詞的觀念，在動物心智之研究上扮演什麼角色的話，那就是針對著『物種的求生』這方面而談的。在為生存而搏鬥的過程中，大自然是智能的唯一決定者。搏鬥後存活下來的，才算是有足夠智慧，得以延續生命；而滅絕的物種，則是稱不上有智慧。」

現在專家們常警告說，地球上每年有數以千計的動物種類，大多由於人類密集捕獵、濫墾而失去棲息地，以致於絕種。也有專家說，在所有瀕臨滅絕的物種中，人類是處於最危險邊緣的。到底是什麼使得人類面臨滅絕之威脅？我認為是「真正智能」的缺乏。人們通常用來做為與「本能」對照的「智能」，不可能會是真正的「智能」，我寧可這麼說。

不可思議的超能力

大家都知道，在這世上有少數人具有超能力。例如有人可以用布矇住眼睛，在交通繁忙的街道上開車而絕不出事。有的人則能用耳朵「看見」東西……。這些能力，常常在科學理論上是無法解釋的。

其實科學的力量很有限，不可能解釋或解決所有的問題，或作為追求真理時的最後憑藉。愛因斯坦曾說過：在物理學範圍內的討論，可能到最後會變成哲理的討論了。我相信，不只是物理學，所有科學的討論，最後的結論都有可能是「不知道」或「無法知道」。

在昆蟲界，也有真有超能力的種類。奇怪嗎？一點都不。人類會有超能力者，昆蟲界當然也會有。造物主是公平的。但是要發現並且進而研究這樣的昆蟲，那就真的要靠天才了。美國佛羅里達大學的 James E. Lloyd 教授正是其中之一。他發現有一種螢火蟲 Photuris versicolor，雌蟲具有超能力，天生就能解讀不同種類螢火蟲的閃光訊號。

我們都知道螢火蟲會藉著發出的閃光型式，來傳達信息、談情說愛。而螢火蟲求愛的方式一般是這樣的：雌螢火蟲在地面的雜草堆裡，看到天空中飛行的雄蟲發出的閃光型式，就知道哪隻雄蟲在尋找伴侶。閃光一次的長短、間隔的時間，或是閃光的次數，每一種都有自己固定的方式。當雄蟲在空中閃光，地上的雌蟲一看就知道是不是同種；如果雌蟲有意交配，就發出牠們之間相互能了解的的信號閃光，吸引他下來。這種「光」，可說是世上最具學問、最「羅曼蒂克」的求愛表現方式。聽説茱麗葉在陽臺上，也是用火光傳送訊息給羅密歐的。

但是，世上最羅曼蒂克的事，有時也會以悲劇收場，不論人類或昆蟲的世界都一樣。在空中飛繞、尋找伴侶來度過一夜春宵的A種雄螢火蟲，會碰到什麼樣的悲劇呢？當牠正滿心歡喜，以為可以投懷送抱，不料竟被雌螢火蟲吃掉了！

事情是這樣：在地上的那隻雌蟲和A種雄蟲並不是同種，而是前面提到的 Photuris versicolor 雌蟲。這種雌蟲沒有經過「補習」，也沒有做過「研究」，但天生就知道別種螢火蟲雌雄之間的求愛通訊方式。肚子餓了的牠，看見A種雄蟲在空中求愛，就放出「A種雌蟲的信號」，騙雄蟲下來。果然雄蟲真的下來了，結果就是一場「死亡的擁抱」。

根據 Lloyd 教授的說法：這種 Photuris versicolor 雌蟲知道好幾種「別種螢火蟲雌雄之間的求愛信號」，因此能讓牠騙到比較喜歡的其他種雄螢火蟲下來大快朵頤！人類史上最有名、最厲害的女間諜 Mata Hari（1876-1917），如果知道這種雌螢火蟲具有這樣的天賦，可能也要甘拜下風，同時再也不敢再使用「人定勝天」這類字眼了。

要結束這一章之前，讓我們再仔細來思索：為何會有生物學家要問：「昆蟲的本能是從哪裡來的？是如何得到的？本能的存在理由何在？」這樣的問題。其實不只是生物學家，也有物理學家說：「不知道宇宙存在的理由，只討論宇宙如何誕生、演變……等等的話，並沒有實質的意義。」我們已談過人類以「對比」來作為思考的動力，而從對比生出因果觀念。但是依靠這種思考方式，我們並不能真正瞭解「真實」。

不但如此，有一件事甚至還會使人類增強因果的思考法，那就是生活方式——人類離開大自然實在太遙遠了，如果不依賴人工做出的東西，簡直無法存活。而人工製造的東西都有「存在的理由」，所以人們習慣會追問任何事物的存在理由。例如：一根樹枝可當作拐杖使用，但需要有人將它加工，以便更合用。於是就有人會好奇的問：「老先生，你這支拐杖是在哪裡買的？」這可以稱為「拐杖的來源或存在的理由。」但是如果沒有加工過，我相信很少人會想要追問那根樹枝「存在的理由」。

所有動物都有本能，它跟生命緊密相連，我們在前面已說過了。人類如果要追問本能的來源，就必須先思考生命的來源。有人說：「生命起源於海洋中的原始有機物。」然而，海水從何而來？又如何能夠萌生原始有機物呢？……

如果有人一定要追索「存在的理由」，那就必須觸及哲學的「存在論」不可了。是的，我們必須了解，科學研究到最後，就會變成哲學的探討，而最後得到的結論，很可能會是三個字：「不可知」。

——摘錄自《李淳陽昆蟲記》二〇〇五年三月遠流出版

說

柯老師的私房閱讀祕笈

本文標題是『本能．智能．超能』，請先找到作者對本能的定義。

閱讀目標

① 透過覽讀，形成對文本主題的定義，以掌握作者的定義和例證
② 學習閱讀觀察與實驗的報告。

方法

請先找到作者對本能的定義。

① 瀏覽本文找定義：注意每一大段標題和每一段的第一句話或是被框出的「本能」。例如：「『本能』這一詞，本來就是很難解釋的。對人類來說，有很多事情需要別人的教導，再反覆練習，然後才學會做某一樣事情；而動物卻不需別的動物教導，天生就能做出各種行為，這樣的能力叫做『本能』。」

請繼續找，文中還有其他的地方定義本能。

② 瀏覽以後，有沒有發現作者對一些詞彙加上引號「」，像是「昆蟲記」，你知道這是一本書。「穴蜂」是法國南部的的一種蜂。還有其他如「愚蠢的本能」、「沒有腦筋思考」、「本能」、「本能的本質」、「智能」等等，這些詞彙概念都和本文主題有關，屬於重要概念。把這些重要概念和作者定義的本能融合，我得到一個想法，「本能是沒有經過學習的行為和沒有經過思考的反應」。閱讀過程中要邊讀

邊驗證「我這樣的想法」是不是和作者的想法類似。談到此，你對本能的定義是什麼？

③ 回到第一段，你會讀到，第一例、法布爾做了這樣的試驗／法布爾的結論是／再來看看法布爾所做的第二個例子、法布爾的結論是⋯，這表示作者會相當仔細的說明實驗，讓讀者明白他的論證。因此要檢視自己是否明白本文，讀者要花一點時間讀這些實驗。

④ 為了論證，作者會列出支持本能說和不支持本能說的實驗。請分別做記號標示出支持和不支持本能說的觀察或是實驗。例如：

OO（以OO表支持）當黃面蜂遇到外敵螞蟻闖入巢中傷害或取走蜂卵時，牠知道要如何處置⋯⋯。這種行為是本能，遺傳自牠們的祖先。

XX（以XX表不支持）當黃面蜂在外面忙著獵捕捲葉蟲，準備貯存在巢內時，我偷偷的把竹管中的蜂卵取走。黃面蜂帶著牠的獵物回來了，一進入巢中，立刻發現牠的卵不見了！⋯⋯。蜂飛回來了，正要帶第二隻蟲出去丟棄時，立刻發現原先失去的卵又在巢內出現，牠立刻表現出一種「真奇怪」的反應——等一等，蜂真的會「覺得奇怪」嗎？

讀後回應

1. 列出昆蟲是本能的奴隸之事例。
2. 列出昆蟲不是本能的奴隸，是有智能的事例。

科普式
說明文

與天文有關的科與幻　黃明輝

作者介紹

國立聯合大學能源工程學系副教授

與天文有關的科與幻

文・黃明輝

1 與天文有關的末日情節

許多預言與宗教有著密切的關連，免不了地將神與天結合在一起。基督教的聖經中提到上帝說：「再過七天，我要降雨在地上四十晝夜，把我所造的各種活物，都從地上除滅。」《創世紀7：4》，又說「主看一日如千年」《彼得後書3：8》，這些內容被許多神學家或預言家認為7千年後就是世界末日。其他許多簡單理論推測諾亞方舟約在西元前四千九百年，所以7000-4990+1=2010年（+1是因為沒有西元0年）是世界末日。但是何時算是起點？各種教派、神學者，各有自己的解讀。近三十年來，幾乎每年都有末日預言出現。最近的一次是由基督教基本教義派團體與電臺主持人康平（H.E. Camping）用了許多神奇數字預言二〇一一年五月二十一日的世界大地震的「Rapture Day」。就像康平在一九九四年預言耶穌降臨一樣，預言破功了！人類文明並未消失、上帝也沒出現。這些「信仰」末日之說的人只是再找新理由，修改起點年代而已，隔不久就會有新的預言出現！

近幾年流傳的末日預言不再侷限於宗教教義的範圍，開始出現跨領域的內容。尤其是拜所謂「科學神學論」或「智慧創造論」等偽科學之助，許多預言會參雜部分現代科學的內容，以增加可信度。其中有一些又跟天文現象有關，這些流言不約而同地選中二〇一二年，常被提到的主要原因有三個：

（一）馬雅曆的第五太陽紀將於二〇一二年冬至結束。雖然馬雅文明與基督教完全無關，這末日的日期卻與許多根據聖經的預言雷同！

（二）二〇一二年冬至十二月二十一日時，太陽會與銀河中心連成一線，這是每二萬五千八百年才出現一次的事件。銀心的超重黑洞可能對地球產生破壞力，例如地震、火山爆發。

（三）金星凌日是馬雅人戰爭的象徵，下一次就是二〇一二年六月六日，很可能又有戰事發生。

這些預言讓信仰末日的人找到更多的理由繼續相信末日，他們從科學中尋找可能的方式來毀滅地球文明。例如：運用全球暖化議題，誇張天災與食物短缺造成全球性災難。太陽黑子第二十四週期可能在二〇一二年到達最活躍期，美國NASA已經預告各種可能災難。地磁場減弱或反轉、造成宇宙線大增；這部分在上一期中專文已經講過：地磁場並未反轉，即使沒有地磁場，仍有大氣保護。本文將著重在馬雅曆等幾項跟天文有關的謠言。

2 馬雅曆

2.1 馬雅天文臺與馬雅曆

這裡所說的馬雅曆是泛指中美洲的原住民所使用的年曆制，並不限定就是馬雅人發明或專用的制度。中美洲地區有許多不同原住民族群、語言，因此許多傳說或文字都有差異。加上許多古文物在原住民間或殖民帝國的戰爭中燒毀，可信的資料極為稀少，讀者應注意避免相信單一來源的內容。

這些原住民族曾有過輝煌的文明，留下許多大型的石

左圖本文作者在奇琴伊察金字塔前留影，右圖是 Google Earth 上，奇琴伊察金字塔的空照圖與重疊的模型圖。右圖圓圈的地方就是羽蛇神頭部雕像，方塊約為作者所站位置。注意金字塔基線並非平行於東西或南北，而是有個 20.68º 偏角，就是當地緯度（20º 40, 58"）。

造建築與都市廢墟。右圖是最具有代表性的建築、列名為新世界七大奇蹟的奇琴伊察金字塔（Chichen-Itza，又稱羽蛇神廟）。金字塔基線大致沿著東南往西北方向，頂層室內只有在春秋分的日出時陽光可穿越兩側的門。春秋分日落時，側面臺階的陰影會投影在北面中央斜坡，形成蛇身，連接至底部的羽蛇神頭，象徵羽蛇神從天而降。猶加敦半島在北回歸線以南，整年炎熱。雨量是農業耕作最重要的因素，從春分到秋分之間正是此地區的雨季。傳說中羽蛇神是走在水神（Chaac）之前，因此羽蛇神降臨是雨季來臨的前兆，成為當地重要節日，也是奇琴伊察金字塔的主要功能。

奇琴伊察有四面階梯，每面各有91階梯，連頂層總共有4X91+1=365階。加上口傳史料與石刻圖案證實馬雅人知道一年有365天。由於這些精確的方位與特定的日期，考古學家認為奇琴伊察是個古天文臺。

馬雅人使用20進位制，每一天都有一個名字。20天是個類似「月」的單位稱為trecena，但與月球的週期無關，每個「月」都有一個名字。一個陽曆年（haab）有18個「trecena月」，而第19個月只有多出5天、沒有名字，被稱為「wayeb或Uayeb」，馬雅人認為這幾天是諸事不宜的兇日。另一方面，馬雅人也使用另一種13個「trecena月」的宗教年（tzolk'in），與宗教儀式有關。

馬雅人把陽曆年與宗教年同時累加，混合而成『宗教年日期──陽曆年日期』的循環曆（Calendar round）。猶如華人常用的天干（10個數）與地支（12個數）一樣，甲子→乙丑→丙寅…→癸酉→甲戌→乙亥→丙子…→癸亥→甲子。一輪迴就是10與12的最小公倍數60年，又稱為一甲子。一個馬雅循環曆是陽曆年365（=5X73）天與宗教年260（=5X52）天的最小公倍數，也就是5X73X52=18980天、或者是52個陽曆年、或73個宗教年。每隔52年，循環曆重新開始時，馬雅人有個重要的滅舊火、引新火的宗教儀式。不論甲子或循環曆，對當時人類的平均壽命而言，已經足夠涵蓋一生了，所以循環曆是馬雅人主要的紀年法。不過馬雅曆沒有閏年，因此一個循環曆裡會出現約52/4=13天的差距。嚴格地說，馬雅陽曆年並非完全正確地與太陽同步，所以不算準確的陽曆！

當計算的時間超過人的一生時，循環曆就無法處理了。馬雅人使用『長數long count』，這是個五位數的連續日數，猶如現代天文學使用的儒略日（Julian day）一樣，從某特定日期開始起算第1天。第一位是天（Kin）；第二位是月（Winal）但只用0~17。第三位是吞（Tun），一吞是18X20=360，約為一陽曆年；第四位是卡吞（Kaktun），約20年；第五位是巴吞（Baktun），約400年。但是長數只用13個巴吞，成為一個太陽紀，相當於31X20X20X18X20=1872000天，約為5125年。這個神奇的數字13下兩段再談。

現在的太陽紀起源的第一天，跟據考古學家的考證，約相當於西元前3114年的8月11日（另一學派的說法是13日）。所以再經過13巴吞或約5125年後，最後一年出現在-3114+5125+1=2012年！（額外加一是因為沒有西元0）。這就是常常聽到的『馬雅曆在2012年結束』的由來！

2．2 金星凌日

馬雅人的文字歷史並未傳承下來，許多石刻象形文字並未完全解讀。馬雅人寫在樹皮的古刻本（codex）也大部分被西班牙殖民者與傳教士所燒毀。一個比較完整的馬雅刻本，現存於德國德勒斯登（Dresden）圖書館中，被稱為德勒斯登刻本（Dresden codices）。其中最著名的記載是對金星凌日的「預測」。馬雅人將金星視為戰爭的預兆，並據此安排戰事。其準確的「預測」被後人解讀成德勒斯登刻本或馬雅曆具有神奇的預知未來的能力。

預測金星凌日，也不是非常困難的事。由於地球與金星的週期約為1.6倍關係，八個地球年會出現五次金星合日（金星與太陽出現在相同黃道經度，兩次合日的間距約584日）。但因地球軌道與金星軌道夾角約3.4°，只有在兩平面相交點（6/8與12/10附近）才能形成為金星凌日。這道理就像不是每次新月都會日食、也不是每次滿月都月食一樣。故相鄰的兩個金星凌日約差8年。例如最近的兩次是二〇〇四年六月八日與二〇一二年六月六日。但是兩週期並非整除，微小的差距使下一次的合離開太陽表面，直到約105.5或121.5年後移到下一個相交點。整體約有243（8+105.5+8+121.5）年的週期。由於長數是與儒略日類似的累計日期，因此只要累加約243年的觀測，即可預測下一週期的金星凌日。馬雅的天文學家只要觀察記錄夠久，就可以發現這個週期，這裡面沒有任何神奇的預知未來的能力。

至於網路流傳的金星公式5X13X8X73=37,960天=104馬雅陽曆年，則純屬堆砌數字（因為5X73=365天=1馬雅陽曆年），與金星凌日週期無關。

2.3 馬雅創世神話

現存的一些典籍，多是後人依據口述歷史紀錄下來的。在16世紀中期，一本《Popol Vuh》（book of community 社群之書）中收集了許多中美洲地區的創世神話，其中一個神話是天神歷經三次失敗才創造出人與現在的世界。近年流傳的二〇一二末日預言裡都提到天神創造了前四個太陽紀都失敗了，天神以大災難毀滅了這些失敗的世界，而現代人是活在第五個太陽紀。許多網路上的資料都是互相抄襲的、雷同的內容。提到的四次創世約持續四、五千年，最後毀於大水（十水神）、颶風（風蛇神）、火、血水及大火。這些雷同的資料都來自一本書《史前墨西哥神祇》，其中引用一份稱為Vaticano-Latin Codex的刻本。可是此刻本不在公認的四個刻本之中，遍尋網路也毫無此刻本的真跡；這資料的真實性相當值得懷疑。

比較確實的證據是阿茲特克太陽輪石刻（Aztec Sun stone），這是在墨西哥觀光地區常見到的圓形馬雅年曆，其實是比較北方的阿茲特克人約在西元一四七九年的成品。刻在太陽輪中間兩圈的圖案就是創造世界的紀錄。北東南西四方的神祇控制四次的創世紀，但都失敗，分別毀於豹、颶風、大雨、與洪水。第一、四次都歷時13X52=676年，第二次是7X53=364年，第三次是6X52=312年。假如把第二與第三次合併，又是13X52=676年；這可能就是神話中三次或四次創世的由來。這個52年是一次循環曆，又是13X4，因此13在馬雅文明中具有特殊意義。

第五個太陽紀會如何與何時結束呢？太陽輪的中間並沒有任何提示。一個比較可能的資料是在德勒斯登刻本的最後一頁，出現了一條大蛇與天神對著地面倒下大洪水與烏雲、閃電、大雨、洪水等象形文字。此圖就當作是本次太陽紀的末日滅亡的預言！至於何時，一種說法是前幾次滅亡都與13這個數字有關，而第13巴吞就在二〇一二年十二月二十一日結束。這個大洪水的情景與聖經說的「降雨四十晝夜」不謀而合；二〇一二年又與諾亞洪水之後七千年接近。加上近年全球暖化、各地的極端氣候頻頻出現。種種巧合讓更多人對末日之說信以為真。

2.4 結論

馬雅人的確有很好的天文知識，知道春分與秋分，也可以預測金星凌日等天文現象。同樣地，由狩獵轉變成農牧的民族也都需要知道春秋分或冬夏至，才能精確地算出播種的日期。這些民族也都發明了一些具有類似功能的天文臺。不過馬雅曆卻不怎麼高明。想想看，他們的小學生若要學會這三種曆法，那會是多麼痛苦！根據現代人的DNA分析，美洲原住民約在一萬或三萬年前由亞洲遷移進入北美洲。西元前約2500年才開始出現中美洲文明，一直到現在約是13巴吞或5125年。沒有證據證實馬雅曆已經存在五個太陽紀（？兩萬多年）！由此可推測馬雅曆所稱的第五個太陽紀的起點，其實就是中美洲文明的開始。

不同的傳說中，前四個太陽紀的災難的形式與時程都略有不同。這些天災在沒有文字紀錄下，只能靠口傳。對於傳說的內容，不能完全以字面意義看待；更何況中間可能因不同族群語言的轉譯、或者附和主政者心意而改變內容。與其將四次災難當成「創世紀」神話，不如視為對先民移居當地過程所遭遇的重大天災的口傳歷史。中南美洲因氣候變化，時而有颶風、時而異常乾旱；因此造成當地文明遇水則發、遇旱則萎。偉大文明可能出現一陣子，然後突然消失得無影無蹤。人消失了，留下的石刻雕像便成謎題。

現代文明既然是馬雅曆的第一次使用，二〇一二年雖然是第13巴吞的結束，二〇一三年也只是翻開新年曆，紀年更新進入第14巴吞重新計數而已！預測金星凌日有其天文觀測的依據，世界末日與只有太陽紀只有13巴吞都只是神話。這些史前故事純粹只是馬雅的神話，更何況還有資料真實性的疑點。災難預言是人為穿鑿附會的猜測，二〇一二不會是世界末日，不必窮緊張！

3 銀心與太陽連珠

3.1 連珠流言

另一個常見流言是太陽會跟地球與銀河中心排成一線的連珠現象。某位林教授在一本末日預言暢銷書的序言中寫著引自該書的內容：

「……每26000年會排成一線，下一次就在二〇一二年十二月二十一日…銀河中心有個370萬倍太陽質量的超重黑洞，強大引力可能造成地殼變動、火山爆發等大災難！……太陽與銀河中心有磁力，磁力會影響宇宙萬物。」

首先，主宰銀河與星體運行的力是重力，不是磁力！銀河中確實有微弱的磁場，強度僅約地表磁場的百萬分之一，只對帶電的宇宙線有作用。對於不帶電、沒有磁性的物體，磁場是毫無作用的。

其次，太陽相對於地球的軌道極易計算，左圖是太陽在二〇一二年的軌跡，投影在銀河座標。讀者也可以從星圖上找出黃道面（太陽軌跡）與銀心（人馬座附近，銀經0°、銀緯0°）的位置。假如地球↔太陽↔銀心連成一線（稱為日合銀心或日掩銀心），太陽會在左圖中間（銀經0°，銀緯0°）的位置。假如是太陽↔地球↔銀心連成一線（日衝銀心），太陽會在兩側銀經±180°與銀緯0°的位置。從左圖就可發現這兩種狀況都不會發生，太陽與銀心最接近時都還相距5.5°！況且這種接近連成一線的情況每年都會發生兩次，並非只有二〇一二年才有。既然每年都會發生，以往也沒產生地殼變動、火山爆發等大災難，證實這種銀心與太陽連珠的現象毫無傷害！

流言所講的26000年週期是地球自轉軸進動（precession）的週期（現代測量值25771.5年）。進動是自轉軸繞著另一軸轉動的現象，好像陀螺在自轉，但其軸心也在轉一樣。進動主要是由太陽與月球的引潮力所造成，和銀心黑洞無關。這項變動會使自轉軸相對銀河的方向改變，但不會改變太陽系的黃道面與銀河系的盤面的相對關係，所以不會改變左圖銀河座標的軌道。

3.2 重力與引潮力比值

一般人聽到銀心有個黑洞質量是太陽的370萬倍，都不禁想到它的吸引力一定是非常巨大！難道對地球沒有作用嗎？

這其實是很簡單的牛頓萬有引力定律，代入黑洞質量是太陽的370萬倍：$M_{GC}=3.7\times10^{6}M_{\odot}=7.36\times10^{36}$ Kg 與太陽系到銀心的距離 $R_{GC}=8.05$ kpc $=3.09\times10^{16}$ m，就可算出引力約 4.26×10^{15} N！這數字看起來很大，但是只有太陽與地球引力的1/84190倍！換算成在地表上相同吸引力的物質，才約為170立方公里的岩石，約為大屯山的重量而已！大屯山沒有壓垮地球，銀心黑洞當然也不會改變地球。

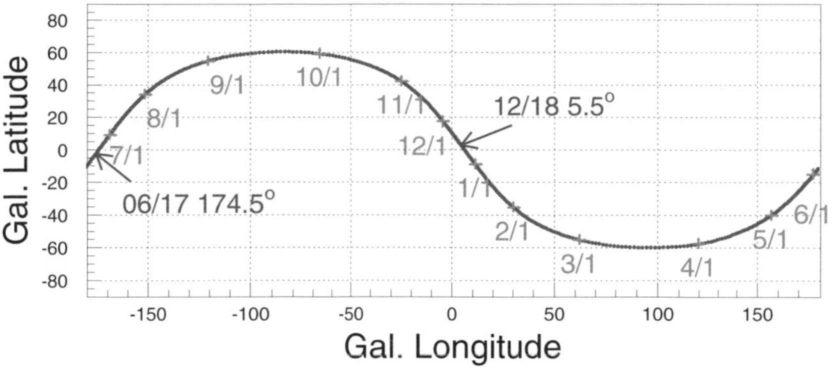

太陽在銀河座標的軌跡，綠色十字為每月一日0時的位置。12月18日是地球 ⟷ 太陽 ⟷ 銀心最接近的日期，太陽離銀心仍有約5.5º。6月17日則是太陽 ⟷ 地球 ⟷ 銀心另一個排成一線的日期，銀心與太陽在相反的方向。

上述的計算雖是正確，不過引起地表形狀改變的力量卻不是重力，而是引潮力（Tidal force）。潮夕這種地表形變主要是由月球引潮力所造成。引潮力與距離三次方成反比，故遠距離的影響更小。月球的質量雖遠比太陽小，引力潮卻是太陽的2.2倍。類似的計算可以發現銀心的引潮力僅是月球引潮力的兩百億分之一（2×10^{-10}倍）！假如以月球的引潮力造成潮差一公尺來估算，銀心的引潮力造成的潮差只有約原子的尺寸，比分子在室溫時振動的範圍還要小。因此可以安心地說，銀心黑洞絕對不可能造成地殼的變動，更不可能造成地震與火山等災難。

3.3 結論

由於太陽系的行星都在同一個黃道面附近，所以很容易看到數個星星排成一線的天體連珠，但其引潮力都無法與相鄰的月球相抗衡。銀河中心雖有一個超重黑洞，但造成的引潮力幾乎為〇。從上述內容證明太陽、地球與銀心既不會連成一線，也不可能造成地殼的變動。這些流言完全是錯誤的謠言。

——節錄自《天文館期刊》第五十四期

STORY

柯老師的私房閱讀祕笈

這篇文章是一篇標準格式的說明文，有文章標題、副標題、照片、圖說，且作者有一寫作模式，每一大段分小段加上標題並有結語。因本文很長，建議以摘要圖來整理和閱讀內容。

閱讀目標

① 畫出全文摘要圖

② 分辨何謂科，何謂幻（事實與意見）

方法

① 先瀏覽第一段，畫出第一段摘要圖，因作者有很清楚的結構，可以依其寫作規畫，如標題、標號來畫圖就可以。例如第一段：

與天文有關末日情節

- **情節**
  2011 年是世界末日
- **常被提出的原因**
  1. 馬雅曆於 2012 冬至結束
  2. 銀心的超重黑洞可能對地球產生破壞力
- **從科學中尋找「幻」的證明**
  1. 全球暖化議題
  2. 太陽黑子在 2012 年達最活躍期

②第二段，你看到作者先講解馬雅曆並介紹馬雅天文臺和金星凌日。回應第一段，常被提到的三個主要原因，但作者提問的原因二——銀心的超重黑洞可能對地球產生破壞力，在哪裡？（請留意第三段）

③第三段小標題有，連珠流言、重力與引潮力比值和結論。連珠流言表「幻」，「重力與引潮力比值」表「科」。請畫出與幻或科相關的論述，也就是第三段的摘要圖。

讀後回應

1. 整合全文摘要

事件	幻	科
馬雅曆		
銀心與太陽連珠		
金星凌日		

2. 有些專有名詞你可能還是不明白，如黑洞，但你還是可以閱讀本文，並有一些收穫。寫下你閱讀本文的困難和感受。

註：臺中科博館自二〇一二年七月十二日至二〇一三年二月二十四日舉辦二〇一二世界末日特展——浩劫和重生，閱讀過本文加上實務參觀，會相輔相成，幫助你更認識與天文相關的事實和謠言。

歷史
地理

康熙、臺北、湖　趙丰

作者介紹

曾任美國航太總署哥達德太空飛行中心太空測地實驗室主任、中央大學地球科學院院長，現任中央研究院地球科學研究所所長；研究專長為地球與行星動力學、重力學、地球物理與地震學等。

康熙、臺北、湖

文・趙丰

整個故事緣起於一位人士的短暫臺灣經歷。郁永河，字滄浪，浙江杭州人，明末清康熙年間人，生卒年不詳。雖然算不上名垂青史的人物，卻留下了傳世的遊記《裨海紀遊》（裨，音皮，意思是「小」）；又因書內的一段文字，在三個世紀後的今天引起了地球科學界的一番「學海生波」。

話說康熙三十五年（一六九六年），福建福州火藥庫失火，焚毀硝磺火藥五十餘萬。時任閩知府幕僚的郁永河自動請纓，前往臺灣北投採硫磺補庫。他於次年二月由廈門乘船出發，到達臺南安平，招募工人，「乘笨車」一路北上，到達北投後駐地採硫、煉硫，至十月返回福建。《裨海紀遊》詳實生動地記述他整趟大半年在臺灣的所遇所做、所見所聞，也因此側記了漢文化初到臺灣時的風土民情、篳路藍縷的艱苦，成為了解臺灣早期歷史的珍貴史料。

書中記述他們北行到達當時蓁莽洪荒的臺北盆地：沿海岸邊到八里，藉原住民的莽葛

（就是艋舺獨木舟），渡「水廣五六里」（約二、三公里）的淡水河口，在淡水整頓數日後，於五月朔，「共乘海舶，由淡水港入，前望兩山夾峙處，曰甘答門（今關渡），水道甚隘。」沒錯，淡水河口由大屯、觀音兩山夾峙於關渡。然而，接著他說：「入門，水忽廣，漶為大湖，渺無涯涘。行十許里，有茅廬凡二十間，皆依山面湖，在茂草中，張大為余築也。」而且「淺處猶有竹樹梢出水面，三社舊址可識。滄桑之變，信有之乎？」

怎麼，今日百里洋場、萬戶鄰比的臺北市，當時是個大湖？更確切地說，這個「康熙臺北湖」是個半封閉型的海灣！而且顯然是不久前才形成的（竹梢還露出水面呢）。《裨海紀遊》的逐日行文記述詳實，但並沒有提到會造成臺北盆地大淹水的雨澇（雖然農曆五月是梅雨季節），而且舟行從外海進入時完全平靜無礙，顯示康熙臺北湖必定是和外海直接相連的，否則大淹水之宣洩入海必定湍急。再者依山面湖而建的茅廬，以及書中後續的記載，在在顯示這海灣湖當時並沒有隨時間消退。同樣的推理，可以排除大湖是颱風甚或海嘯後遺的結果。

那有可能是堰塞湖嗎？地質事件偶爾會造成短暫性的堰塞湖，例如地震抬升或特大山崩或大屯火山岩流正好把淡水河口堰塞住，圈留河水成為大湖？然而臺北地區並沒有這類事件的跡象或證據；而更明確的，既然舟行可以直接從外海平靜進入，顯然就不是上溯進入堰塞湖的場景。

會不會是海平面突然上漲，把臺北盆地淹成了海灣湖？也不可能。全球海平面在近幾千年裡基本持平，並沒有過此種現象。再說海平面上升是全球性的，不會是發生在臺北盆地的單一事件。是的，我們今天憂心忡忡地面對著全球增溫下的海平面上升，但其緩慢的程度，和康熙臺北湖的形成條件與現象完全不可相提並論。是的，一萬多年前，上一次冰河期結束，陸冰融化流入海，全球海平面在兩、三千年內狠狠上漲了一百三十公尺之多。這些冰河期、間冰期的全球海退、海進，確實在臺北盆地的土石沉積層裡留下豐功偉「跡」，但畢竟與康熙臺北湖的形成完全風馬牛不相及。

那麼康熙臺北湖究竟是怎麼回事？答案其實就寫在郁永河的書中，幾句生動而清楚的對

圖為西北望臺北盆地立體地形圖，圖中山腳斷層下方所有平原市區差不多就是當初康熙臺北湖的範圍。影像來源：中央大學太空遙測中心張中白（空照圖）

話：接待郁永河一行人的淡水社長張大說：「此地（指臺北盆地）高山四繞，周廣百餘里，中為平原，惟一溪流水（古淡水河）；麻少翁三社（當時三個原住民村落），緣溪而居。甲戌（一六九四年）四月，地動不休，番人怖恐，相率徙去，俄陷為巨浸，距今不三年耳。」

讓我為你還原《裨海紀遊》所寫的事件過程：當日「地動不休」（餘震不斷）的大地震，整個臺北盆地沿著西緣的山腳斷層，頓時向西斜陷數公尺（見二四三頁〈地科教室〉）。於是海水從淡水河口倒灌而入，這場景讓緣溪而居的「番人怖恐，相率徙去」，很快地該地區完全「陷為巨浸」。三年後，郁永河見到的是「渺無涯涘」、竹梢露出水面、平靜的康熙臺北湖，面積不下一百平方公里。

弔詭也遺憾的是，《裨海紀遊》寫的這一段竟是有關那次大地震唯一能找到的文獻記載。康熙年間，臺灣初歸清朝版圖（隸屬福建），還沒建立地方誌，加上當時的北部仍處

圖為《諸羅縣誌》山川總圖之北域，中央繪有波浪、帆影區就是康熙臺北湖，紅點約是郁永河北投採硫的湖邊居處，雙紅線是今關渡大橋位置。影像來源：趙丰（《諸羅縣志》）

於漢文化莫及的「化外」之區，地震再大、海浸再廣，都沒有造成災情，以致清宮檔案裡對此找不到隻字片語，地方行政官員常向朝廷反映地方災情、申請賑災款的奏摺裡亦闕如。至於福建或浙江沿海地區的地方誌，也都沒有記載，這是可以理解的，因為這次地震規模不是特別大，且震央距離大陸沿海地區畢竟還遠，沒有造成災害。

康熙臺北湖倒是在正式歷史文件中曾再次出現：康熙五十六年（一七一七年）《諸羅縣志》山川總圖裡的臺北盆地，是個西廣東狹的海灣（見上頁左圖），繞過灣口的關渡與外海相連，與《裨海紀遊》的描述完全一致。隨後的《雍正臺灣輿圖》也清楚描繪臺北當時完全是個海灣湖，但很快的，臺灣一向劇烈的侵蝕、沉積作用，不到五十年就將斜陷數公尺的低地淤平了。乾隆六年（一七四一年）《重修福建臺灣府志》地圖和後來的各款地圖裡，湖已不復見，僅剩淡水河道了——反倒是與康熙臺北湖形成前的《康熙臺灣輿圖》一致。晚清以降，如今這些河道也基本淤塞不利航行。反過來說，臺北盆地開發期的淡水河利於航行，河港繁榮，是拜先前地震陷落、康熙臺北湖之賜囉。下回你走在臺北的街頭，是不是會對滄海桑田、人世更迭有更深一層的感悟？

——摘錄自《科學人》月刊第三十四期

地科教室

臺北盆地已存在了幾十萬年，但今天地球科學界對臺北盆地的成因「why」只能說是一知半解。為什麼在歐亞與菲律賓海這兩個地體板塊相互擠壓的犄角處，形成了這麼個地殼擴張而下陷的小盆地？倒是在現象「how」的研究上，地質學家近年來在臺北盆地沉積層進行了多處地質鑽井的岩心取樣，見到的是層層土石呈東淺西厚的楔狀，沉積在臺北盆地向西傾斜的基岩盤上，西緣沉積最厚處已達 700 多公尺（這一帶也正是地勢依舊相對低窪的地區，社子、蘆洲、五股等），見證著幾十萬年來一再重演的故事：臺北這個小地區，平均每隔 500 ～ 1000 年，會以它的東緣為軸，像一塊地基被掏的地磚，整面向西傾斜轟然陷落，造成一次大地震，估計規模可達 7（比集集地震小個幾倍），其破裂線就是沿著盆地西緣有名的「山腳斷層」，陷落量可達 2 ～ 4 公尺，但是很快地在百年內就被土石流的沉積所淤平。如今地層裡見到的，就是幾百次這樣的大地震陷落、繼之以淤平的累積結果；康熙臺北湖正代表了最近一輪的事件。

今天臺北盆地在臺灣算是地震相對較安靜的地區，周遭的斷層（包括山腳斷層）似乎都很安份；但這並不是科學邏輯式的預測或論斷，而只是我們以短短一、兩百年的歷史得到的經驗論。若把時間上溯幾百年、幾千年，我們還能這樣確定嗎？以史為鑑，可以知興替；300 年前郁永河在《裨海紀遊》裡就為我們留下了康熙臺北湖這份珍貴的史料，而古早一再發生的大地震遺跡更是明確顯示在地形上、記錄在地層裡！這應該讓我們警覺到：安靜只是短暫的假象，臺北盆地其實正在醞釀、等待著下一次的全面塌陷。這大災難不是會不會發生的問題，而是何時發生的問題。

柯老師的私房閱讀祕笈

作者在方塊「地科教室」中有why和how。這提醒我們可以以六何法來閱讀本文。六何指Who（誰，何人）、what（甚麼事，何事）、when（時間，何時）、where（地點，何地）、why（為什麼）、how（如何）。這些是閱讀本文的重要關鍵。

閱讀目標

①以六何做摘要

②認識臺北盆地的歷史

方法

①找出本文的六何及各自的答案。

②閱讀地科教室，這裡有部分的六何。類似地科教室這樣的方塊，都是為幫助讀者更清楚某些概念。在這一方塊中主要解釋why（為什麼）和how（如何）。

讀後回應

1. 整理你的六何與答案，就是本文摘要。
2. 如何得知懸疑的夢幻湖曾經存在？

歷史地理

基隆濁浪　尹萍

作者介紹

一九五二年出生，政治大學新聞系畢業，淡江大學美國研究所碩士。歷任廣播公司與報社編譯、雜誌與出版社主編。從事寫作與翻譯多年，著作包括《海洋臺灣》、《出走紐西蘭》等，譯作多種。

基隆濁浪

文・尹萍

陰陽海，對於關心臺灣生態環境的人，像是心頭一道難以癒合的傷口。而它的身世，也恰似中國蹣跚於現代化的崎嶇道路上，磨擦出的遍體傷痕。

基隆擁有全臺灣最大的地下寶藏。可惜本島人無福享用其中的絕大部份，只留下陰陽海作標記，像藏寶圖裡，標示寶藏位置的地理特徵。

臺灣產金，中國人早在南宋時便知道。金產在雞籠，則遲至清初（一六八四年）才確定，原因是先住民世守其祕。先住民普遍認為金礦是神賜給他們族人，要他們負責看守的寶物，既不能容外人濫取，他們自己也不可貪得。當荷蘭人百般打聽「金在何處」時，先住民東指西指南指北指，一會兒說在哆囉滿（花蓮），一會兒說在蛤仔難（宜蘭），只是從來不提「雞籠」一字。

一六八四年，滿清第一任諸羅知縣季麟光得知：「金山，在雞籠山三朝溪後。」但是有清一代，鑑於在此之前的明朝，縱容宦官到處藉口開礦，滋擾人民，對於礦業持極其保守的態度。一六八三年已經下令全國禁止開礦。那時候臺灣儘多空地，漢移民專注於農耕，沒有人留意流傳多年的金礦故事。

煤炭則沒有那麼神祕。荷蘭人早就知道雞籠一帶盛產煤炭。只是因為雞籠並非商港，沒有貨船前來載煤，運往人口聚集的府城。僻處獅球嶺外，三面環山一面向海的雞籠，當時猶如一個孤絕的島。

地下寶藏，沉埋兩百年

就這樣，從十七世紀中到十九世紀中，兩百年裡，雞籠的地下財寶，靜靜地躺臥著。一八四〇年，臺灣長官姚瑩向道光皇帝報告雞籠狀況時還說，此地「土產無出，故無大行商，不能設口」。姚瑩的話才剛說完，英國人幾乎立即便指出了他的錯誤。一八四一年鴉片戰爭失敗，中英簽訂南京條約，准許英人五口通商。一八四七年，英國軍官發現了雞籠煤礦。海軍少校戈登向英國政府提出報告說：「煤礦似乎十分豐富……煤質堅硬，易與泥沙分離……煤的品質很好，沉重而帶有光澤，易於著火，燃燒中帶有瀝青氣燄……。」英國人認為只須鋪設一段輕便鐵路，便可把山上的煤輕易地搬下山來。此時海面上行走的多是燒煤的新式輪船，如能在東方就地加煤，自然方便省事。雞籠煤礦因此備受各國矚目，大有開採價值。

英國人先是要求採購臺灣煤炭，繼而要求臺灣開口通商。清政府極力抗拒，但一八五七年英法戰爭再度失利，簽訂天津條約，臺灣被迫開港。一八六二年確定：淡水、安平是正口，雞籠、打狗分別是它們的外港。

清廷經歷兩次對外戰爭的慘痛教訓，這時也力圖自強。一八六六年，閩浙總督左宗棠建議在福州創設船廠，製造西式輪船，作為建立現代海軍的根本。清廷全部照准，並且決定，船廠所需的煤，就採用雞籠的煤礦。

臺灣的煤，是當地人拿著圓鍬鋤頭，隨便亂挖。英國人記述：「煤礦及其附近土地，似乎無人掌管，無論何人都可隨意採取。」他們認為這樣土法煉鋼，只能挖到表層的次等煤，而且頗多浪費。一八六八年，英國公使阿禮國建議中國「應使用外國機器及技術人才協同開採，於國計民生都有裨益。」福建船政大臣沈保楨也發現，向雞籠訂購的煤，總是不能如約交貨。他贊成採用西方技術及人才，但主張由中國官方以國營企業方式開採。

一八七四年，日本出兵屏東牡丹社，佔領臺灣南端車城一帶達六個月。日兵入侵使清廷更深刻地了解，臺灣的寶貨，中國人自己棄之於地而不取，將引外人垂涎。第二年，臺灣官煤廠就在那改名「基隆」的海灣附近成立了。

臺灣第一條鐵路

頭一件事就是鋪設鐵路，由煤井口通到海岸。雖是長僅兩公里多一點的輕便鐵路，卻是臺灣第一條鐵路（一八七六年完工，比臺北基隆間的鐵路整整早了十五年）。鐵路終點的海岸，英國人稱之「煤港」（coal harbor），煤塊由煤港搬運上駁船，轉至基隆港入倉待售。

不幾年，為了越南宗主權問題，中國與法國紛爭不斷。法國打算強佔一塊中國土地，作為「迫使中國屈服的擔保品」。臺灣因為「地處富饒，北部出產煤炭」，成為法軍擇定的攻擊目標。一八八四年，法國軍艦藉故強闖基隆港，逗留不去。

滿清君臣議定，處理此事的原則是：「無論為戰為和，基隆煤礦都不容落入敵人之手。」出面談判的李鴻章，因此對法國百般容讓，只求解除臺灣危機，但是法方並不滿意。原直隸提督劉銘傳，這時候奉命急赴臺灣督辦軍務。他的第一個想法就是整頓基隆煤礦，希望用賣煤的錢，「養全臺防守之兵」。

可惜事態急轉直下。當年七月三十一日，談判破裂，法軍隨即派出艦隊進攻基降。八月五日，劉銘傳下令炸毀八斗煤井，放水灌入礦坑，存煤也焚燒一空，「以絕敵人窺伺之心」。劉銘傳寄以厚望的臺灣官煤廠，竟由他親手毀了。

煤港的駁船是帆船，能否開航要觀風向；港邊堆積待運的好煤，日久風化都不值錢了。

大清帝國正在解體，太多該做的事沒做。原本預定一八七四年就要修築完成的煤港至基隆港運煤鐵路，遷延十三年未建。一八八五年法軍退出臺灣後，劉銘傳致力建設，「鐵路」和「煤礦」，是他心目中兩個可以相輔相成的重要工作，因為火車需要燒煤，而煤炭有賴火車載運。

一八八七年，劉銘傳奉准興建臺灣鐵路，首先就要鋪設煤廠到基隆海口這一段。路基都已鋪好，卻因資金不足，始終沒有築成。反倒是臺北到基隆之間的客貨兩用鐵路，在一八九一年十月率先通車了。

通車之前，出了一件大事。這年夏天，鐵路工人架設八堵鐵橋，這是北基鐵路比較艱鉅的一項工程。工人多來自閩粵兩省，有些還頗富修築鐵路經驗，曾經橫越太平洋，到美國舊金山參加橫貫美國的鐵路大工程。

基隆河淘金熱

一天中午，就有這麼一位留過洋的工人，吃過午餐後，順手在橋下的基隆河河水裡淘洗飯碗。他忽然發現碗中的河砂裡有金。舊金山淘金熱的景況立刻浮現腦海。他繼續用飯碗淘之又淘，竟淘出不少砂金來。

這正是傳說六世紀、潛藏二百年，第一任諸羅知縣季麒光所說的「雞籠山三朝溪後，山下水中碎如屑」的雞籠藏金。

「金子！金子！」這消息風似的傳遍了整個河谷。工人、當地居民，紛紛挖開河床、翻掘河邊田園。曾在美國或澳洲採金的華工，也聞訊而來，基隆河谷一時竟聚集了三千多人，彎曲著背脊，在那裡披沙瀝金。

他們淘金的成效如何？一八九三年，清廷在基隆開設「金砂局」，每個下河淘金的工人，都要繳納一角或一角半的牌照稅，美國記者德微臣估計，一個月可收一萬二千銀元。所以胡適的父親，奉派總巡全臺的胡傳，在巡視了砂金產地之後喜孜孜地說：「不費公家一錢，而歲入十餘萬金，此天下第一美礦也。」

砂金，本是山腹含金岩塊崩裂，被水沖刷而下的碎粒。溯河而上，追本求源，一八九三年找到小金瓜金脈露頭，九份、金瓜石等礦床也先後發現。一八九四年起，淘金改為掘金了。

第二年（一八九五），甲午戰敗，臺灣割讓。

一八九六年，日本殖民政府發布「臺灣礦業規則」，所有礦產轉由日人經營。田中長兵衛主持的「田中組」，獲得金瓜石礦山的礦權。

金瓜石礦山，就在俯視濂洞灣的山區，九份溪及其支流流經礦區，注入今天俗稱陰陽海的那個小海灣。

這是基隆三大金礦（另兩礦是瑞芳和牡丹坑）中，佔地最廣、蘊藏最豐（估計金礦蘊藏量達一千一百萬噸）的一個。本世紀初，它的年產量達二萬兩以上，全部運往日本。

誰知上天囤積在此的財寶不只金和煤。田中組發現，金之外，它也產銀；一九〇四年更鑑定出礦石中兼含銅。一九一二年，中華民國肇建前後，金瓜石礦區年產金二至三萬兩，銀近四萬兩，銅一千五百噸左右，日本人譽之為「日本首一之金礦山」，又說它是「亞洲第一貴金屬礦山」。

上天賜予的福份還不止這些。挖山掘石，礦區的岩塊紛紛碎裂了。基隆多雨，雨水從岩石的裂縫間滲漏下去，溶解了含銅的硫化礦物，氧化，形成硫酸根礦水，遁入礦坑，再流出坑外。涓涓細流，一一都注入九份溪，繞行金瓜石山區之後，在濂洞灣歸向大海。

亞洲第一貴金屬山

這現象是哪一年開始發生的，已無可考。也許從一九〇四年，日人在九份溪北側小丘發現「含銅礦之粉狀結晶」時，已然開始。到一九二五年，日本人驗出坑洞流出的礦水中，沉澱著高品位的銅，原來上天主動為人類做了初步提煉，比挖掘礦砂還要來得簡便。收集礦水以煉製銅的工作於焉展開。

收集的方法是：礦水導入沉澱池，去泥；再導入儲滿散置廢鐵的木槽中，礦水中溶解的硫酸銅被鐵取代，銅即自水中析出。

析出的銅取出之前，須先將含鐵廢水排出。這水，是紅銹色的；未經過濾處理，直接排入濂洞灣。

一九三三年，日本礦業株式會社從田中組手中買下金瓜石礦區，隨即在濂洞灣上方山坡上，興建每個月能處理六萬噸礦砂的新式浮選礦場和製煉所。「日礦」不仰賴雨水天然的力量，而是自行灌水入礦坑，浸漬礦石，沉澱銅產量大增。而且因為礦水不須人力，自會默默流出，太平洋戰爭爆發之後，臺灣其他礦業都受盟軍飛機轟炸的嚴重影響，唯獨沉澱銅，始終維持每年兩千多噸的產量。

陰陽海的形成

析出這兩千多噸的銅，會有多少「紅銹色」的含鐵廢水流入濂洞灣？沒有人計算過。中央大學環境工程研究中心一九九一年六月提出有關陰陽海成因的報告，只用「非常充沛」四個字來形容日據末期，這種成分特殊的廢水量。

陰陽海的雛形，此時已經出現。硫酸鐵與海水接觸，會「產生大量黃色細小的氫氧化鐵膠羽，漂浮在海面」。中央大學的報告中說：「又由於灣內海流的擴散能力不足，無法將污染物帶離海灣，因而有鐵、銅以及鋅等重金屬，累積於海域、底泥以及海洋生物體體內。」

光復前後出生的當地人都還記得，在他們小時候，那片海已是黃濁色，不過「氣派」可能不如今日之大。交通部觀光局，「東北角海岸風景特定區管理處」為釣友準備的說明手冊中指出，崩山腳釣場是在被「臺金公司」的銅水污染後，魚類才逐漸減少。

臺金公司，全名臺灣金屬礦業股份有限公司，一九五五年由臺灣金銅礦務局改組而成，是管理金瓜石礦區的國營公司。光復後，收集和煉製沉澱銅的工作持續進行。一九四七年，濂洞灣上方原有的浮選礦場旁，新建專門煉銅的工廠。一九七二年起，為增加沉澱銅產量，在銅礦坑內鑽洞並爆破，讓礦體裂隙加大，然後築壩灌水。

不過，仍然沒有人去計算，或是注意，有多少工業廢水直接流入濂洞灣。可以想像的是，陰陽海的面積日益擴大了。

一九八〇年，臺金公司再建第二座煉銅廠，命名「禮樂煉銅廠」，當年年底開工，估計可產銅十萬噸。這龐大的產能終於使濂洞灣再也承載不了注入的污水。此時起，「陰陽海的黃色污水越過濂洞灣，退潮時延伸到鼻頭角，漲潮時可達蝙蝠洞，」東北角海岸管理處一九八五年編印的釣魚活動手冊中說。

從水湳洞往基隆港八尺門的產業鐵路，最後是由日本礦業株式會社，於一九三六年修築完成的。來自太平洋上的日本人，一開始就對基隆——這個與其祖國隔海相望的港口——特別重視。日據以前，臺灣出產的貨物，都是由淡水或打狗裝船，運到臺灣海峽對面的廈門，以廈門為轉口港，轉運國外。臺灣史學者江燦騰說，清代的基隆，是臺北往宜蘭的移民中途站，是軍事防衛要地，是漁港，是煤產區，但就是沒給當作貿易港看待。

在臺灣與大陸經濟一體的時候，位置靠「外側」的基隆港欠缺商務價值。財務困窘的滿清帝國，不可能花大筆的銀子疏濬港道。再說，它還有海防安全上的考慮。一八九〇年，福建巡撫劉銘傳為便利煤炭裝運，曾請求疏通基隆港道，卻遭總理衙門嚴詞斥責：

改變基隆的命運

「臺灣為閩省屏藩，基隆為臺灣門戶，設險以守之，尚虞不同。今乃開挖河道，修築碼頭，使數萬石之商輪，可以直入內地停泊。……夫商輪可入，則兵輪亦可入……萬一海疆有警，恐敵軍巨艦皆可長驅直進……。」

日本人所處的位置不同，對臺灣思考的角度也迥異。臺灣的貨物何須經手廈門？由位居太平洋航線上的基隆港，儘可直航海外，又可和日本本土聯通。港市狹小的問題，也不再存在：獅球嶺隧道打通了，整個臺北盆地都是它的腹地。

基隆的命運改變全在一念之間。江燦騰這樣評析：

「中國傳統是陸權國家，臺灣是東南海域的邊陲小島，過去在國家的整體經濟上，並不佔有太重要的地位。而像雞籠港這樣，以港口貿易為主要功能的港市，更不可能成為政策考慮上的重點。以海權和陸權來考慮雞籠港的重要性，是差別極大的文化理念。」

一八九五年，日軍才剛登陸，首任臺灣總督樺山資紀便提出基隆築港的意見書，次年立即著手整治。一九〇三年，基隆港的進出口總貿易額已經超過淡水，一九三〇年更越過高雄，躍居全臺：第一。基隆完全取代了淡水的地位。

今天，從巨輪林立的基隆港，沿北部濱海公路往東，經過漁船與海釣船齊集的八斗子漁港，再往前，右方山坡上便會出現一片高聳的廢墟。風在空洞黯黑的昔日窗門間穿進穿出，冬日裡尤其顯得陰風慘慘。工廠的大門已經拆除，「臺金公司禮樂煉銅廠」的大名也不復可見。只有一座派出所，緊緊夾在偌大的破舊廠區與九份溪的滾滾濁流之間，彷彿想要說明些什麼，又彷彿連接著過去與未來。

臺金禮樂煉銅廠開工不久，便發現工業在臺灣已不再擁有任意製造污染的特權。一九八〇年代，臺灣民間的環保意識已經覺醒，在各方撻伐下，臺金選礦場和煉銅廠於一九八二年同時停止生產。整個金瓜石礦區，也因富礦體採盡，於一九八七年結束營運。

陰陽海是自然景觀？

但是，雨水仍不斷流進廢棄的礦坑，地下水也不斷溶解金瓜石山區，含有重金屬的岩石和泥塊。所有的黃濁礦水，仍然注入九份溪，歸入陰陽海。

臺金停工十年了，陰陽海的濁浪也許不再滿溢到鼻頭角去，生力軍的源源補充卻也使它沒有自動消失的可能。一九九一年，中央大學環境研究中心在為臺灣電力公司所作的研究報告中，稱陰陽海為「自然景觀」，主張不加整治。理由是：這麼多年來，陰陽海「並未對當地居民之健康及生活環境造成嚴重影響」，與其花大錢去消滅它，不如把它當作環境科學教育的教材，因為它是「舉世獨有的特殊現象」，可以發展成「臺灣地區獨具的礦業文化據點」。當時的環保署長趙少康大不以為然。自立晚報轉述他的話說，如果陰陽海可視為自然景觀，「那麼五顏六色的工廠廢水和堆積如山的垃圾，是否也可稱之為自然景觀？」

陰陽海是不是美景？臺灣是不是邊陲小島？我們要過怎樣的生活？其實全在你我的一念之間。

基隆海洋紀事

一六二六年 西班牙人自呂宋島沿臺灣東海岸北上，在三貂角登陸，命名聖地牙哥。更東進雞籠港，築城堡於社寮島（和平島）海岸，命名聖薩爾瓦多城。

一六三二年 西班牙人開通沿雞籠河入臺北盆地的道路，以雞籠為對中國及馬尼拉的貿易中心。

一七三三年 淡水廳開始巡防大小雞籠，兼顧雞籠港、金包里防務。

一八四七年 英國海軍發現雞籠煤礦。

一八六三年 開採雞籠煤礦。同年雞籠開港，為淡水的外港。

一八七五年 設臺北分府通判於雞籠，掌理煤務。並取「基地昌隆」之意，改稱基隆。

一八八一年 中法戰爭爆發，法國軍艦入侵基隆，為劉銘傳等所擊敗。

一八九一年 八堵鐵路工人發現金砂，四方之眾擁至。官府設金砂局於瑞芳。臺北至基隆鐵路通車。

一八九五年 馬關條約簽訂，日艦抵基隆港外，李經芳在日本軍艦上交割臺灣。日軍海陸合攻基隆，基隆成為被日本統治的第一個臺灣都市。

一八九九年 日人展開基隆築港工程。全部工程於一九二九年完工。

一九〇七年　金瓜石礦區開始生產銅。
一九二五年　開始生產沉澱銅。
一九七二年　金瓜石採現地浸漬法，增加沉澱銅產量。
一九八七年　金瓜石礦區結束營運。

——節錄自《海洋臺灣》二〇〇六年六月天下雜誌出版

柯老師的私房閱讀祕笈

這是一篇以編年方式寫成的基隆歷史和景觀變遷的文章，用基隆歷史帶出今天的基隆地理。作者一開場就提到陰陽海，但因文章很長，讀的過程中可能會忘記陰陽海，但到最後才恍然大悟，發現陰陽海這個重要意象。

閱讀目標

① 認識以年代貫穿全文的文本

② 閱讀年代認識基隆

方法

① 瀏覽本文時，明顯的特徵是年代，建議把年代列出，找出每一年代的事蹟與人物。雖文章最後有海洋紀事，你先邊讀邊作，最後再比對，會更有收穫。

年代	人	事	以年代整合事件
1683	清（人不詳）	下令全國禁止開礦	基隆有豐富礦產引起外英法覬覦。
1684	季麟光	知道雞籠有金山	
1840	姚瑩	報告土產無出	
1841		鴉片戰爭戰敗	
1847	英海軍少校	報告有豐富煤礦	

…			
…			
1982	臺金	停止生產	礦區結束營運
1987	金瓜石礦區	結束營運	
1991	中大環境研究中心	陰陽海是自然景觀	陰陽海是警惕

② 整理出年代表後，將事件整合，如右表最下欄。

③ 閱讀所整合出的這一欄，就是全文摘要。

讀後回應

1. 是否記得年代並不重要，但年代可以幫助我們整理歷史事件，透過年代，可以認識事件發生時的背景。整理後，你對基隆是否有更多的認識？

2. 請簡要說明基隆的發展史。

新聞報導

臺灣環境總體檢　天下雜誌群

臺灣環境總體檢

文．天下雜誌群

大地無法承受之重

臺灣的環保問題在世界上可說數一數二，小小面積背負著沉重負擔。

臺灣人口密度居世界第二，僅次孟加拉。聯合國的資料中，人口只要增加二％，環境品質就會降低一％。而二十年來，臺灣人口總共增加了六百萬，增加率高達四〇％。

臺灣汽機車密度也是世界第一。自民國七十七年起，臺灣汽機車每年增加超過一百萬輛。一年增加的汽機車長度，如果擺在高速公路上，從基隆到高雄，剛好來回十趟。

臺灣養豬密度，也居世界第三，共一千萬頭。據估計，一頭豬的排泄污染量約是一個人的四～六倍。而諷刺的是，臺灣國民所得逐漸提升，竟還要靠養豬出口日本，以污染臺灣環境來賺取外匯。

臺灣的工廠密度為每平方公里二．六六家，在世界上也居前矛，是日本的二．四倍、美國的六十五倍。由工廠而產生空氣的污染、廢水排放、廢棄物，成為臺灣污染的一大來源。

表一：環境負荷居世界前矛					
	人口密度 人 / 平方公里	機車密度 輛 / 平方公里	汽車密度 輛 / 平方公里	工廠密度 家 / 平方公里	養豬密度 頭 / 平方公里
環境負荷	587	330	129	2.66	280
世界排名	2	1	3	—	3
臺灣 / 日本	1.8 倍	7.3 倍	0.8 倍	2.4 倍	10 倍
臺灣 / 美國	21 倍	330 倍	6 倍	65 倍	47 倍

表三：汽機車數量增加十六倍

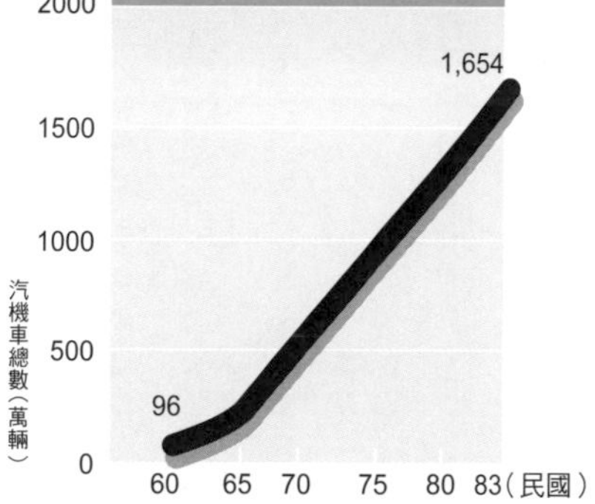

表二：二十三年來人口增加六百萬

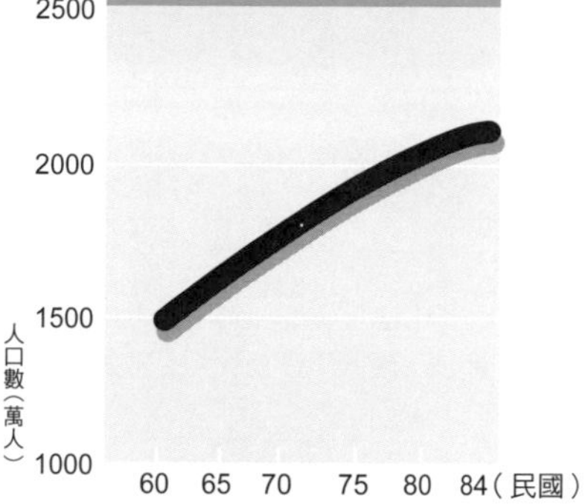

表五：工廠家數逼近十萬

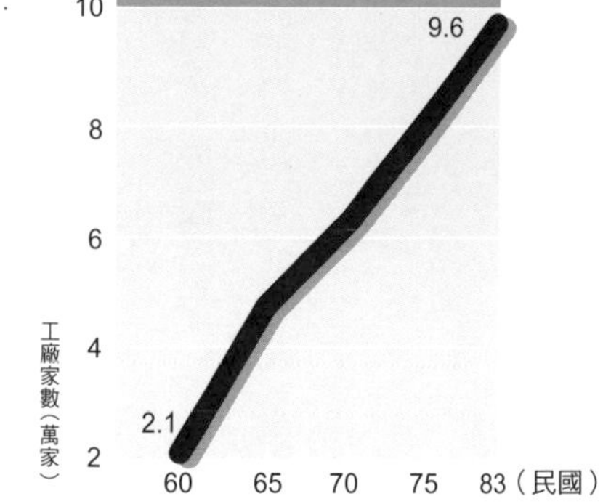

表四：豬口突破一千萬

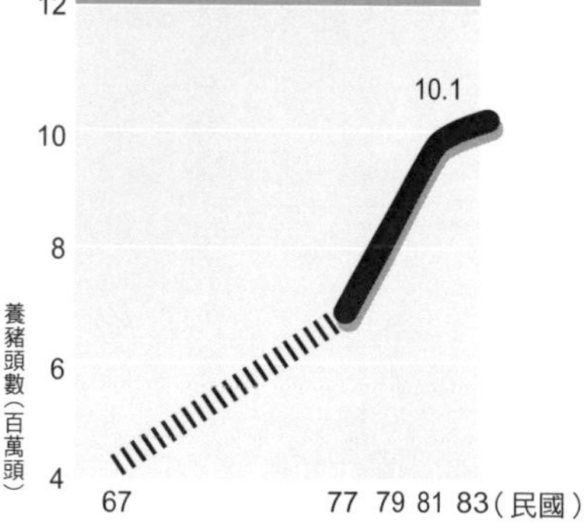

老天只給一杯水，我們硬要喝兩杯

先天上，臺灣就是缺水國。每人每年分配到的降雨量為四千三百四十二立方公尺，是世界平均值的六分之一，如果再扣掉八〇％逕流入海的流失比率，水資源不足的情況更是嚴重。可是隨著人口增加、工商業發展，臺灣每年用水量已在四十多年內成長了近一倍，使臺灣的缺水危機更加嚴重。

地面水不足，地下水就成為另一個取水來源。

臺灣地下水每年天然補注量才四十億立方公尺，但自民國七十二年起，臺灣地下水超抽量年年上升，至民國八十年，抽取量已近補注量的二倍。等於老天爺只給臺灣人一年一杯水喝，臺灣人卻硬要喝兩杯。

違反自然的結果，造成臺灣沿海各地地層嚴重下陷。根據省水利局最新調查報告，臺灣地層下陷面積已超過總平地面積一一％，比四個臺北市還大。而下陷最嚴重地區的累積下陷量已達二·八八公尺，將近一層樓高。

而地下水抽取中，目前不僅有八五％違法，而且每年違法抽取的量，還幾乎是臺灣水庫總取水量的二倍。

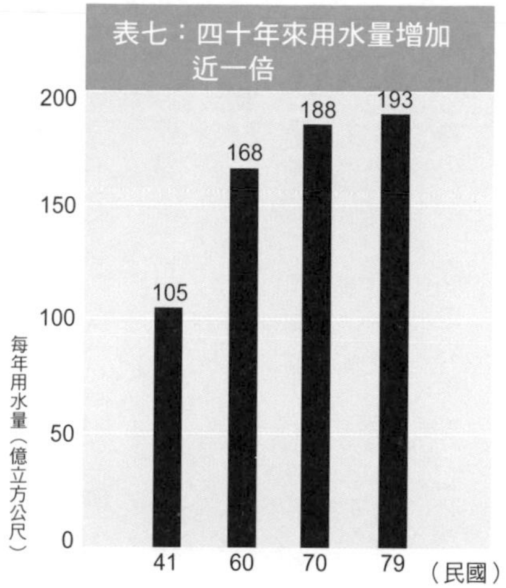

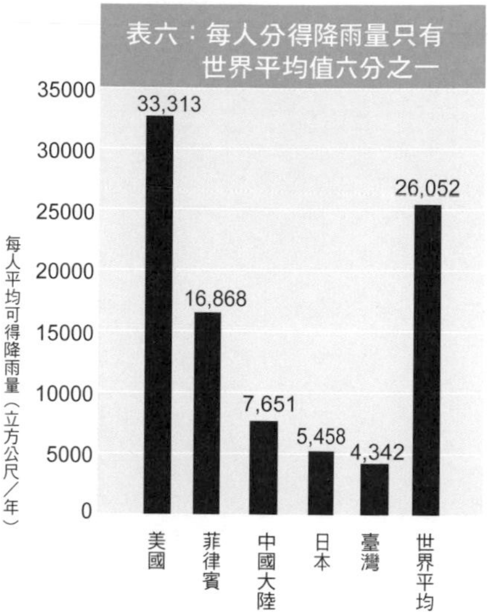

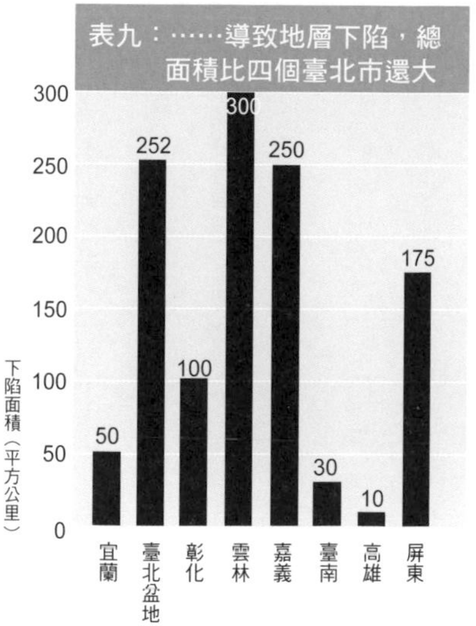

註：臺北市轄區面積 271 平方公里。

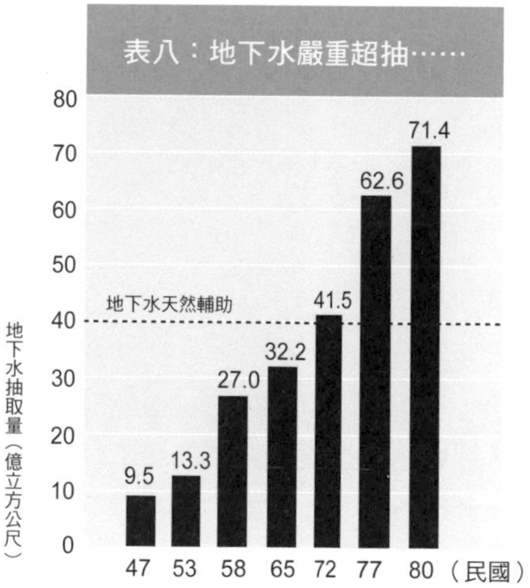

森林消失，水土不保

水源不足，涵養水源的關鍵——森林，也正在迅速消失中。光復初期，臺灣森林覆蓋率約佔全島面積六四%，至今只剩五二%，減少約四十二萬公頃，相當於十五個臺北市的面積。

據林務局統計，在現有山坡地中，近十年來由於休閒及檳榔、茶葉、果樹等農業上山墾植，已有近七十幾萬公頃被濫墾、濫建。

過度開發山林，使臺灣水土不保。臺灣二十一條主要河川流域的土壤沖刷深度每年達七．〇九公厘，居世界第一，是惡名昭彰的黃河流域的三倍半。

世界河川含砂量前三名也都在臺灣，臺灣二十一條主要河川平均含砂量更將近黃河流域的八倍。

水土破壞，導致水庫壽命縮短，水利單位估計，因泥沙淤積，臺灣平均一年減少一座明德水庫的蓄水量。

表十一：檳榔種植面積三十年間擴大四十倍

年度	檳榔種植面積（公頃）
52	1,175
70	4,100
83	47,203

表十：五十年來，林地萎縮面積相當十五個臺北市大

年度	全島林地面積（萬公頃）	占臺灣總面積比（%）
34	228.5	64
60	222.4	62
83	186.6	52

表十三：全球河川含砂量前三名都在臺灣

	年平均輸砂量（噸 / 平方公里）
二仁溪流域	36,000
曾文溪流域	26,000
濁水溪流域	20,000
臺灣平均	10,640
黃河流域	1,400
長江流域	250

十二：水土嚴重破壞，土壤流失速率世界第一

	每年土壤沖蝕深度（公厘）
臺灣 21 條主要河川平均	7.09
黃河流域	2.03
密西西比河流域	0.25

表十四：一年淤積近一座明德水庫

全島水庫淤積率（%）	平均年淤積量（萬立方公尺）
14	1,227

註：明德水庫 83 年總容量為 1409 萬立方公尺。

這是我們喝的水嗎？

臺灣不僅缺水，水質也極端惡化。由於家庭、畜牧、工廠等廢水，大多沒有妥善污水處理，而直接排入河川，使臺灣二十一條主要河川的總污染長度比率，從民國七十六年的二八％，再惡化到民國八十三年的近四〇％。

臺灣地區十六座重要水庫，有十三座呈現惡化的優養狀況，導致各地水庫都要加氯消毒，才能讓居民飲用。但加氯後，又會產生三鹵甲烷，而三鹵甲烷正是醫學界認為的二十大致癌物之一。這樣的飲用水質，一般認為與臺灣地區居民癌症增加率有關。

臺灣居民飲用水質在民國八十三年的抽樣中，二三％不合安全標準，不合格率是十年前的八倍以上。污水處理欠缺，也直接危害國民的飲水衛生。臺灣家戶的排泄物，大多存在地下室的化糞池，而化糞池與家戶飲用水的儲水箱一般距離只有十五公尺。九五年桃園縣平鎮國小三百多名學童因飲用學校地下水而集體中毒、下瀉，原因即是學校內化糞池沒做好，滲透到地下水。

污水下水道普及率一直被視為現代化的重要指標之一。而臺灣污水下水道普及率，多年來一直保持在三％左右，除了臺北市二四％外，高雄市、臺灣省幾乎近於零，顯示政府施政一直不把這項「埋在地下的管子」、「看不見的建設」放在眼裡。

表十八：一座水庫之死

民國 73 年完工的高雄鳳山給水廠，因養豬廢水污染，加氯量日增。至 83 年，鳳山水庫因水質已太惡化，不符民生需求，而改為工業用水。

年度（民國）	加氯量（噸）	加氯成本（元 / 公升）
76	157.7	261.4
77	295.5	469.6
78	366.0	548.3
79	356.4	527.7
80	420.1	559.7

表十五：臺灣飲用水質急遽惡化

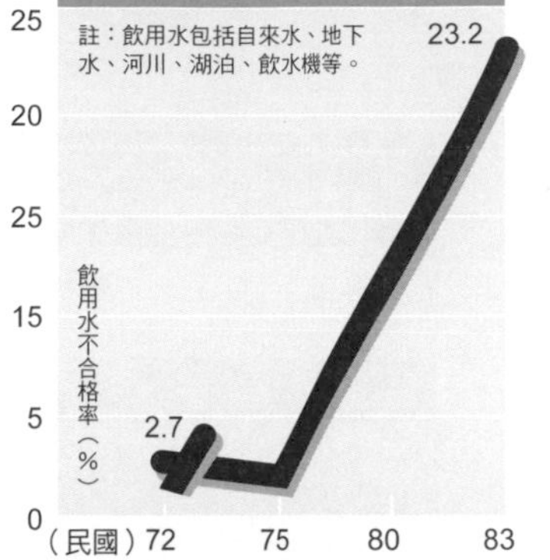

註：飲用水包括自來水、地下水、河川、湖泊、飲水機等。

表十九：下水道普及率 3%，是河川污染主因

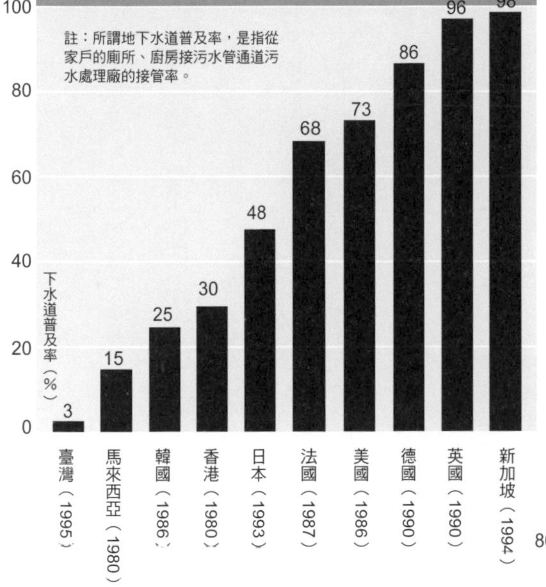

註：所謂地下水道普及率，是指從家戶的廁所、廚房接污水管通道污水處理廠的接管率。

表十六：河川污染日益嚴重

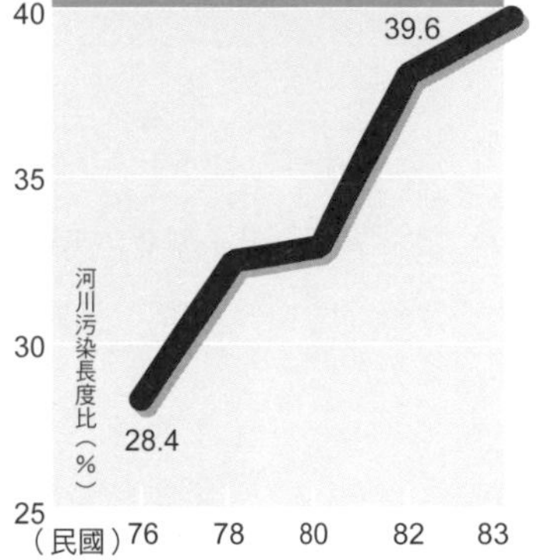

表十七：80%以上的水庫水質不合標準

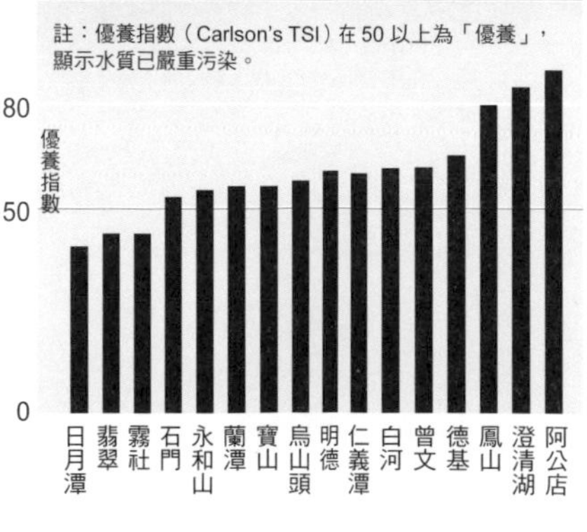

註：優養指數（Carlson's TSI）在 50 以上為「優養」，顯示水質已嚴重污染。

土壤中毒日深

臺灣的農藥使用密度高居亞洲各國之冠，將近日本的二倍、韓國的三倍。民國七十九到八十三年，臺灣地區平均每年在每公頃耕地上施用一千六百公斤的化肥和農藥。過量的化肥與農藥，不僅直接危害人體健康，也使得土地加速貧瘠。而農藥與化肥隨著農田灌溉水流入河川、湖泊，也是水質污染的源頭。

工業重金屬是農田土壤的另一污染源。臺灣地區遭受工業重金屬污染的農田面積已達五萬公頃以上，超過北、高兩市面積總和。這些重金屬會隨著農田作物進入食用者身體，累積在人體內，損害我們的健康。

表二十：
臺灣農藥使用密度為亞洲之冠

	農藥使用密度 （公斤 / 公頃耕地）
臺灣	37.40
日本	20.20
韓國	12.73
泰國	1.44
印尼	0.53
巴基斯坦	0.17

註：本表為民國 80 年資料

臺灣 79-83 年平均	使用量 （萬噸）	使用密度 （公斤 / 公頃耕地）
化學肥料	138.0	1,570
農藥	3.7	42

表二十一：農地受重金屬嚴重污染

受污染面積（公頃）	北高兩市面積總和（公頃）
50,774	42,540

註：重金屬包含砷、鎘、銅、汞、鎳、鉛、鋅、鉻八種

全島垃圾大戰即將引爆

隨著國民所得提高，臺灣人消費量增加，製造的垃圾量也快速增加，從民國七十年每人每年二三〇公斤，至民國八十四年，變成四〇九公斤，增加近一倍。

環保署副署長陳龍吉比喻，臺北火車站四十六層的新光大樓，要四年才能蓋好。可是臺灣的垃圾量，只要三天，就能將新光大樓填滿。

十多年來，臺灣每年垃圾總量已增加二倍多，從七十年三五六萬噸，至八十三年八五〇萬噸，已凸顯垃圾場、焚化爐的不足。據環保署廢管處九五年七月統計，到九六年七月之前，有六〇%的垃圾場將被填滿。臺灣各地街頭，隨時可能引爆「垃圾大戰」。

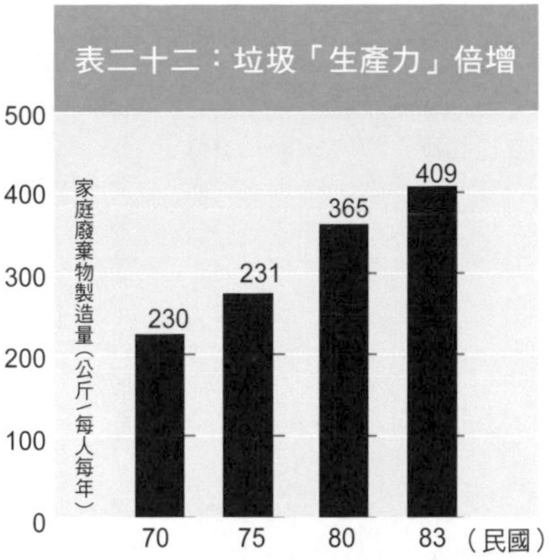

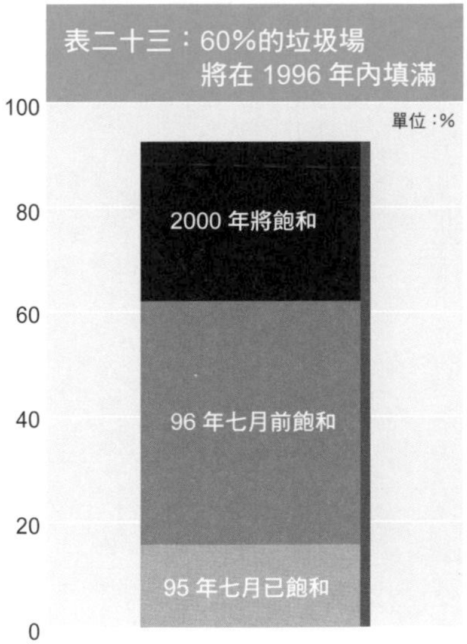

生病的環境，生病的人

生病的臺灣環境像隻受傷的野獸，正向居住在這個島上的人反撲。疾病，就是它的利爪。汽機車廢氣中含大量的苯，使臺北通勤族和學生得血癌的機率是洛杉磯的三至八倍。二十八年來，臺灣地區人口增長約六成，但同時間每年因癌症（惡性腫瘤）而死的人，急遽增加了兩倍半，幾乎每五個死亡人口中，就有一個是死於癌症。

呼吸系統疾病更是直接受空氣品質影響。民國八十三年全國門診患者中，幾乎每三人就有一人是患了呼吸系統疾病。在臺北，氣喘兒增加的速度也非常驚人，二十年增加九倍，在亞洲數一數二。

雖然許多疾病形成的原因不能只歸因於環境，但環境惡化確實扮演了元凶或幫凶的角色。

——摘錄自《環境臺灣》一九九六年九月天下雜誌出版

表二十四：環境嚴重惡化，疾病大量增加

年度：民國
單位：人

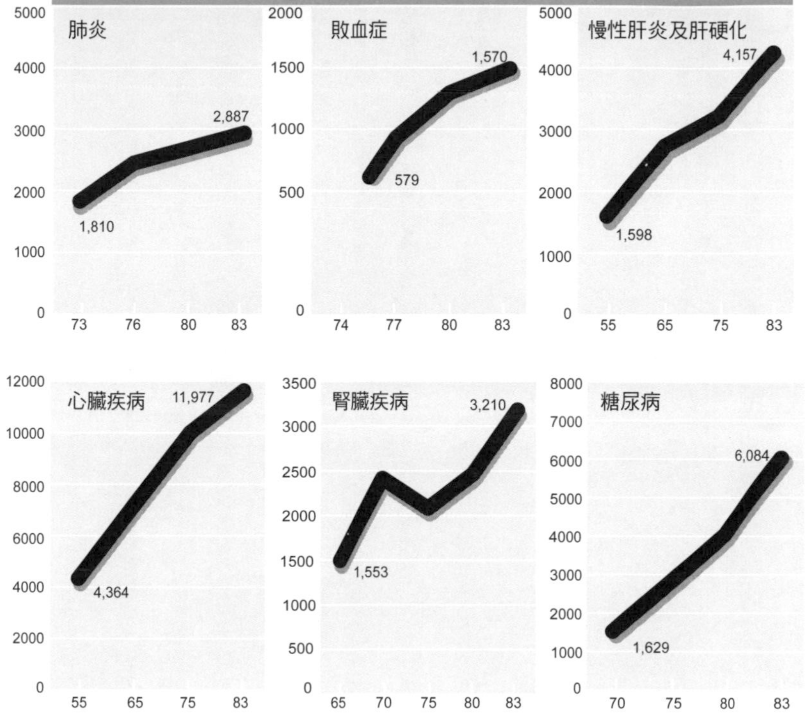

表二十五：三成病人因呼吸而得病

83 年門診患者各類病因比例推估

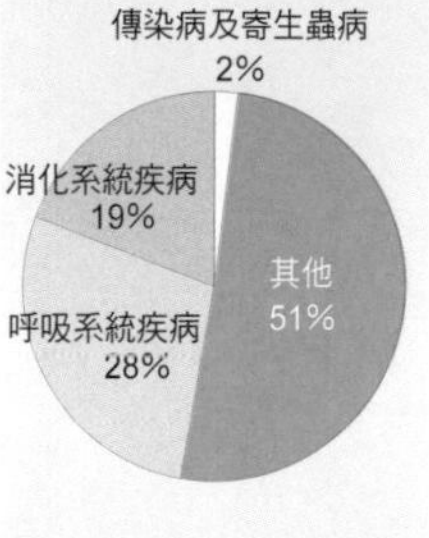

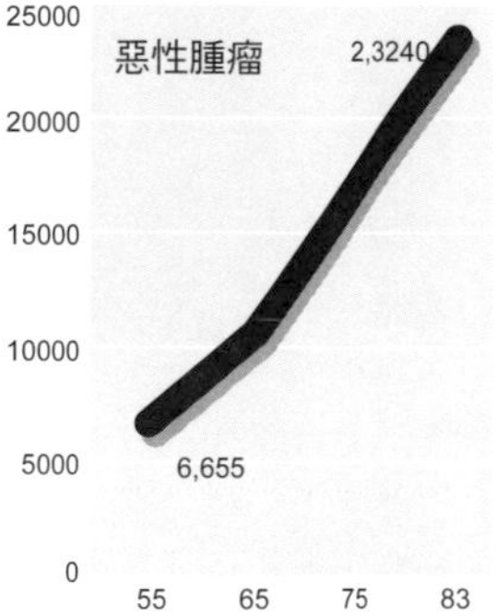

資料來源：環保署、衛生署、經濟部水資會、內政部營建署、臺灣省農林廳、臺灣省水利局、臺灣大學農經系陳明健教授、臺灣大學地理系姜善鑫教授、中山大學海洋所陳鎮東教授。

柯老師的私房閱讀祕笈

瀏覽本文，你會看到好多統計圖表，圖表中有許多數字。說明文的一大特色就是有圖和表。臺灣學生在國小四年級開始學習統計圖，包括如何讀出長條圖、折線圖和圓形圖等統計圖上所呈現的數據，期許學生能彙整統計圖中的資料，抓出重點數據，並學習如何製作統計圖。至於解釋數據，則與「社會」、「自然與生活科技」議題結合，就如本文的圖表講的是臺灣的環境。

閱讀統計圖表，首先要報讀圖表上的數據，並知道這數據所代表的意義（由圖的兩軸看出），接著或是進行比較、或是推論，擴展數據的意義。

透過本文，我們來學習閱讀統計圖和表。本文有長條圖、折線圖、圓形圖和表。

閱讀目標

① 閱讀統計圖表

② 製作統計圖表

方法

① 逐文、逐圖讀一下文和圖的關係。例如：

臺灣人口密度居世界第二，僅次孟加拉。聯合國的資料中，人口只要增加二%，環境品質就會降低一%。而二十年來，臺灣人口總共增加了六百萬，增加率高達四〇%。

請看表二，你能不能找到表達「二十年來，臺灣人口總共增加了六百萬，增加率高達四〇%的數據？」因此當作者說，「人口只要增加二%，環境品質就會降低一%」，表中二十年（60-84年），我們的環境品質降低多少？

②請上網查，從民國八十四年到現在，人口有沒增加？機車數呢？每人每年分配到的降雨量？森林覆蓋率？臺灣居民飲用水質安全標準否？臺灣的農藥使用密度？而消費量增加，製造的垃圾量是否也增加？臺北通勤族和學生得血癌的機率？氣喘兒人數是否增加？並製出如本文的圖或表。

讀後回應

1. 請寫一篇臺灣環境總體檢——民國八十四年後，又二十年了，看看臺灣環境有沒改變？

〈企劃緣起〉

成長與學習必備的元氣晨讀

■親子天下執行長　何琦瑜

二十年前，大塚笑子是日本普通高職的體育老師。在她擔任導師時，看到一群在學習中遇到挫折、失去學習動機的高職生，每天在學校散漫恍神、勉強度日，快畢業時，才發現自己沒有一技之長。出外求職填履歷表，「興趣」和「專長」欄只能一片空白。許多焦慮的高三畢業生回頭向老師求助，大塚老師鼓勵他們，可以填寫「閱讀」和「運動」兩項興趣。因為有運動習慣的人，讓人覺得開朗、健康、有毅力；有閱讀習慣的人，就代表有終生學習的能力。

但學生們還是很困擾，因為他們根本沒有什麼值得記憶的美好閱讀經驗，深怕面試的老闆細問：那你喜歡讀什麼書啊？大塚老師於是決定，在高職班上推動晨間閱讀。概念和做法都很簡單：每天早上十分鐘，持續一週不間斷，讓學生讀自己喜歡的書。一開始，為了吸引學生，她會找劇團朋友朗讀名家作品，每週一次介紹好的文學作家故事，引領學生逐漸進入閱讀的桃花源。

沒想到不間斷的晨讀發揮了神奇的效果：散漫喧鬧的學生安靜了下來，他們上課比以前更容易專心，考試的成績也大幅提升了。這樣的晨讀運動透過大塚老師的熱情，一傳十、十傳百，最後全日本有兩萬五千所學校全面推行。正式統計發現，近十年來日本中小學生平均閱讀的課外書本數逐年增加，各方一致歸功於大塚老師和「晨讀十分鐘」運動。

臺灣吹起晨讀風

二〇〇七年，《親子天下》出版了《晨讀十分鐘》一書，透過雜誌分享晨讀運動的影響與策略，找到大塚笑子老師來臺灣分享經驗，獲得極大的迴響。我們更進一步和教育部合作，募集一百所晨讀種子學校，希望用晨讀「解救」早自習，讓孩子一天的學習，從閱讀自己喜歡的一本書開始暖身。

推動晨讀運動的過程中，我們發現，對於剛開始進入晨讀，沒有長篇閱讀習慣的學生，特別是少年讀者，的確需要一些短篇的散文或故事，幫助他們起步，在閱讀中有盡興的成就感。這些短篇文字絕不能像教科書般無聊，也別總是停留在淺薄的報紙新聞，才能讓新手讀者像上癮般養成習慣。如果幸運的遇到熱愛閱讀的老師和家長，一些有足夠深度的文本還能引起師生、親子之間，餘韻猶存的討論。

這樣的需求，激發出【晨讀十分鐘】系列的企劃。在當今升學壓力下，許多中學生每天早上到學校，迎接他的是考不完的測驗卷。我們希望用晨讀打破中學早晨窒悶的考試氛圍。每日定時定量的閱讀，不僅是要讓學習力加分，更重要的是讓心靈茁壯、成長。

在學校，晨讀就像是在吃「學習的早餐」，為一天的學習熱身醒腦；在家裡，不一定是早晨，任何時段，每日不間斷、固定的家庭閱讀時間，也會為全家累積生命中最豐美的回憶。

【晨讀十分鐘】系列，透過知名的作家、選編人，為少年兒童讀者編選類型多元、有益有趣的好文章。這個系列創始至今七年，我們邀請了學養豐富的各領域作家、專家、達人，例如張曼娟、廖玉蕙、王文華、方文山、楊照、劉克襄、殷允芃等，編撰出共二十九本，不同主題、類型文章的選文集。

每天一篇人物故事，讓孩子勇敢成為自己

二〇一七年的【晨讀十分鐘】新企劃，把選文關注的領域擴張到文學之外，特別邀請臺灣大學電機系教授，同時身兼創業家的葉丙成，選編《我的成功，我決定》，精選二十二個「非典型成功」人物故事，重新探問「成功」的定義。

長期的應試教育，培養出一整代缺乏自我探索，只為考試和成績讀書的年輕人，拿掉考試

與成績，離開學校與學歷，學生們便不知為何而學？如何定義自己的成功？如何找到人生的意義感？

透過選文的架構，長期關注年輕世代的葉丙成，想要打破舊時代對於「成功」等於「學歷」或「名利」的追求窠臼，突顯新時代的三個成功方程式：從興趣和天分出發，在失敗中學習前進，找到利他的社會貢獻。在二十二個人物故事中，動人的片刻，不是成功帶來的權力或結果，而是在歷程中，主角們如何反思失敗的意義，在不被理解的挫折時挺身而進，在為理想搏鬥的痛苦中突圍而出。

在議題戰場延燒對立的二〇一七年，我們也特別邀請專研閱讀策略與閱讀理解、現任品學堂總編輯黃國珍老師，選編《你的獨特，我看見》，希望引領少年認識世界的多元，同理他人的情感，學習尊重並理解看似對立的「差異」。

我們希望，在臺灣社會從單一價值到多元價值、衝突不斷的轉型過渡期中，透過閱讀提供給少年讀者多元的觀點與寬闊的胸懷，讓下一代更有勇氣「成為」他自己，也懂得接納不一樣的他人。

推動晨讀的願景

在日本掀起晨讀奇蹟的大塚老師，在臺灣演講時分享：「對我來說，不管學生在哪個人生階段……，我都希望他們可以透過閱讀，讓心靈得到成長，不管遇到什麼情況，都能勇往直前，這就是我的晨讀運動，我的最終理想。」

這也是【晨讀十分鐘】這個系列叢書出版的最終心願。

—推薦文—

晨讀十分鐘，改變孩子的一生

國立中央大學神經科學研究所教授　洪蘭

古人從經驗中得知「一日之計在於晨」，今人從實驗中得到同樣的結論，人在睡眠的第四個階段會分泌跟學習有關的神經傳導物質，如血清素（serotonin）和正腎上腺素（norepinephrine），當我們一覺睡到自然醒時，這些重要的神經傳導物質已經補充足了，學習的效果就會比較好。也就是說，早晨起來讀書是最有效的。

那麼為什麼只推「十分鐘」呢？因為閱讀是個習慣，不是本能，一個正常的孩子放在正常的環境裡，沒人教他說話，他會說話；一個正常的孩子放在正常的環境，沒人教他識字，他是文盲。對一個還沒有閱讀習慣的人來說，不能一次讀很多，會產生反效果。十分鐘很短，只有一個小時的六分之一而已，對小學生來說，是一個可以忍受的長度。所以趁孩子剛起床精神好時，讓他讀些有益身心的好書，開啟一天的學習。好的開始是成功的一半，從愉悅的晨間閱讀開始一天的學習之旅，到了晚上在床上親子閱讀，終止這個歷程，如此持之以恆，一定能引領孩子進入閱讀之門。

新加坡前總理李光耀先生看到閱讀的重要性，所以新加坡推０歲閱讀，孩子一生下來，政府就送兩本布做的書，從小養成他愛讀書的習慣。凡是習慣都必須被「養成」，需要持久的重複，晨讀雖然才短短十分鐘，卻可以透過重複做，養成孩子閱讀的習慣。這個習慣一旦養成後，一生受用不盡，因為閱讀是個工具，打開人類知識的門，當孩子從書中尋得他的典範之後，父母就不必擔心了，典範能讓他自動去模仿，就像拿到世界盃麵包大賽冠軍的吳寶春說：「我以世界冠軍為目標，所以現在做事就以世界冠軍為標準。冠軍現在應該在看書，不是看電視；冠軍現在應該在練習，不是睡覺……」，當孩子這樣立志時，他的人生已經走上了康莊大道，會成為一個有用的人。

晨讀十分鐘可以改變孩子的一生，讓我們一起努力推廣。

—推薦文—

隨著認知能力發展，青少年需要不一樣的讀物

國立中央大學學習與教學研究所教授　柯華葳

青少年要讀什麼？根據閱讀發展，一般青少年可以透過閱讀學習，讀兒童的圖畫書，讀成人的科普、言情小說，或是其他以他們為對象所寫的作品，他們什麼都可以讀。

從成長與需求來說，青少年生理上會轉變為大人，認知上同樣會轉變。明顯的行為表現在他們回嘴、不在乎和不屑的表情上。一些特徵如：為辯論而抬槓、驟下結論、堅持自己的權利、故意找麻煩以及誇張的言行。青少年行為與思考上的改變是因為認知上他們可以同時處理多件事務，形成假設思考，以符號進行抽象思考並隱藏情緒。這樣的發展使他們不再滿足於單一的答案。青少年自然會質疑成人提出的是非標準與價值觀。同時，他們也看不起類似兒童的思考與行為，取笑他人幼稚就是一例。

因此，青少年的讀物在內容、結構上需要複雜些，才能引起他們認知上的共鳴。他們可以閱讀

一篇呈現不同觀點的文章，或是針對同一議題以不同觀點寫的多篇文章。青少年不但可以讀不同論點的文章，還可以分析、綜合及批判所讀到的文章。

如前面所述，青少年什麼都可以讀，因為他們的認知發展能力，已經足以批判讀物。不過，為了吸引許多有能力卻沒興趣閱讀的青少年，天下邀請張曼娟、王文華、廖玉蕙三位關心閱讀的超人氣作家，為青少年學子編選了三本文集，包括成長故事、人物故事和幽默散文。書中所選作家都是最重要的作家，不讀他們的著作便顯得無知。所選人物則是一等一人物，不知道他們的事蹟，更是無知。至於幽默，非思考複雜的人，不容易掌握其中訣竅。幽默是透過轉注、假借甚至跨領域做暗喻。兒童知道什麼好笑，但不易理解幽默。青少年的認知能力提升，當可體會文中趣味。而成長和人物故事都涉及由不同角度來讀一個人或一段事蹟，此時青少年的分析與批判能力就派上用場了。

【中學生晨讀10分鐘】系列，還加入了「元氣早報」的設計，更能吸引中學生閱讀。這些文章不長，文字不深奧，但請讀者不要三兩下翻完，就覺得讀過了。建議大家養成一個習慣，慢慢讀，或許只需要三、五分鐘，然後，闔上書，安靜一下（心中默數1至30），接著問自己：讀到什麼、作者想說什麼以及自己對作者有什麼想法。若是在班級進行晨讀，請老師也放下手邊工作和學生一同閱讀。讀完後，同樣先保持沉默，這十分鐘請盡量留給學生閱讀與交流。謝謝老師。

晨讀10分鐘系列 023

[中學生]
晨讀10分鐘
論情說理說明文選

主　　編｜柯華葳
作　　者｜蔣勳、張曉風、曾志朗、洪蘭等

責任編輯｜周彥彤
封面繪圖｜徐至宏
封面、內頁設計｜黃見郎

發行人｜殷允芃
創辦人兼執行長｜何琦瑜
副總經理｜林彥傑
總監｜林欣靜
版權專員｜何晨瑋、黃微真

出版者｜親子天下股份有限公司
地址｜台北市 104 建國北路一段 96 號 4 樓
電話｜（02）2509-2800　傳真｜（02）2509-2462
網址｜ www.parenting.com.tw
讀者服務專線｜（02）2662-0332　週一～週五：09:00~17:30
讀者服務傳真｜（02）2662-6048
客服信箱｜ bill@cw.com.tw
法律顧問｜台英國際商務法律事務所・羅明通律師
製版印刷｜中原造像股份有限公司
總經銷｜大和圖書有限公司　電話：（02）8990-2588

出版日期｜ 2012 年 8 月第一版第一次印行
　　　　　2021 年 3 月第一版第十二次印行
定　　價｜ 280 元
書　　號｜ BCKCI023P
ISBN ｜ 978-986-241-561-0（平裝）

訂購服務
親子天下 Shopping ｜ shopping.parenting.com.tw
海外 ・ 大量訂購｜ parenting@cw.com.tw
書香花園｜台北市建國北路二段 6 巷 11 號 電話（02）2506-1635
劃撥帳號｜ 50331356 親子天下股份有限公司

國家圖書館出版品預行編目資料

論情說理說明文選 / 蔣勳等文；柯華葳主編.
-- 第一版. -- 臺北市：天下雜誌, 2012.08
288面；14.8×21公分. --（晨讀10分鐘系列；23）

ISBN 978-986-241-561-0（平裝）

1.漢語教學　2.作文　3.論說文　4.中等教育

524.313　　　101013520